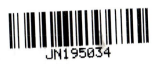

European culture for beginners

はじめて学ぶヨーロッパ

船木恵子 著

木 鐸 社 刊

まえがき

1970年代ごろからグローバリゼーション(Globalization)という言葉をよく聞くようになった。グローバリゼーションとは，いろいろな定義はあるだろうが，情報や金融などが国境を越えて経済や社会のあらゆる活動の場で影響しあう現象というのがおおよその意味ではないだろうか。もちろんその中に文化が含まれているのは言うまでもない。現代では人々の消費行動やライフスタイル，地域社会や集団，思想や文学，芸術など，少なからずこの影響を受けている。そしてこのグローバリゼーションをもたらしたグローバリズム(Globalism)という思想は，いまや世界中の地域社会を標準化，均一化している。確かにこの考え方は地域社会に豊かさをひろげることになるので良いことだ。しかし人々が均一化した生活をすることで，それぞれの利害が深まり，資源やエネルギー問題，地球環境問題，格差問題などの深刻な問題を引き起こしていることも疑いのない事実だ。世界中の人々が豊かさに向かって突進することで負の結果が浮き彫りにされるようになった。地球温暖化，資源の枯渇，環境汚染，移民問題などがその例である。

フランスの思想家，ジャン・ジャック・ルソーは，「豊富な生活資料に恵まれた自然人は共同体も私有制も必要としない」とコミュニティも市場もない，しがらみのない原初的人間生活の中に観念的な平等と幸福の概念を見出した。それに対してスコットランドの経済学者アダム・スミスは，文明化された社会を肯定して物質的な豊かさが人々や社会に与える幸福感を説明した。現代に生きる我々は，どちらの考え方も理解することができるようになった。そしてどちらにも共感することができる。現代人は過去の思想家たちの考えを理解する知識を持っている。

西洋文化は多様で複雑だ。我々はグローバリズムの真っただ中のヨーロッパのあちこちでグローバリズムに対抗するような地域主義の文化をみつけることができる。歴史的に繰り返された領土問題を克服し，EUの中心としてリーダーシップをとるようになったドイツとフランスの協調，またアジア諸国が参加するまでに拡大したイタリアのスローフード運動の普及などはその一例だ。それは便利で均一的な文化に迎合せずにヨーロッパという地域に頑固にこだわる一つの雄姿のようにも見える。

本書ははじめて西洋の文化や思想を学ぶ人のための入門書としてヨーロッパを代表するイギリス，フランス，ドイツ，イタリアと，イギリスから独立し，発展してきたアメリカ合衆国を取り上げ，その違いや特徴を学ぶ。しかしこれらの国々を学ぶだけで西洋社会をつらぬく文化がすべて理解できるわけではない。本書を読むことで，時に東アジアの我々の文化との違いに気づき，ヨーロッパの人々の生活に興味を持ってもらえることを希望する。また本書はヨーロッパ旅行をしてみたい，あるいは外国語を学んでいるがその国の特色がよくわからない，西洋を知りたい，そこに住む人々と交流したい，などと思っている人に是非利用してほしい。本書はわかりやすく西洋の自然・成り立ちや特徴を，事例をあげて紹介した。それは西洋の歴史，政治，思想，衣装文化，食文化，女性論，恋愛論や結婚事情に至るまで，多方面の広がりをもっており，西洋全体を見る視点と，個別の国の特徴を理解するという二つの視点から構成されている。読者は最初にヨーロッパ全体の社会や文化の成り立ちを理解し，次に現代の問題であるEUについて学ぶことで，その理解を一層深めるだろう。そして各国の地域文化や歴史，国民性や女性観などを徐々に学ぶ。

読者の中には歴史や思想よりも現地に行ってすぐに役立つことを知りたいと思う人がいるかもしれない。しかし過去を知ることは今を知ることである。本書の中で現在と過去を往き来しつつ西洋文化にふれることで，是非，西洋文化と自分との距離や関係を思い量ってみてほしい。その土地や人々の歴史もよく知らずに短時間で見物して帰るよりも，本書は豊かな知識を与えてくれるはずだ。

現代は世界中で同じものが手に入る便利な時代になった。それこそがグローバリズムの恩恵だ。その反面，西洋だけに限った問題ではないが，それぞれの地域の多様な文化が失われていく側面も目にするようになった。私たちの国は歴史的に様々な西洋の国々の文化を受容して現在に至っている。しかしこの外来の文化は一様ではなく，私たちの文化に与えた影響も一面的なものではない。西洋の地域と文化を学ぶことは，私たちの国の近代の歴史や思想を学ぶことでもある。さらに西洋の抱える問題はそれを受容して培われてきた私たちの文化にも大きな影響を与えることになる。文化とは互いに影響を与えながら人々が長い間はぐくんできたものであり，たとえ地域文化のグローバル化が進んでも，一様に均一にはならない。そこに人々がいる限りその文化は消えることなく地域の人々が継承し，新しい文化と融合しつづける。地域の文化を知ることは，その地域や人々を知ることであり，その国を知る一番の近道ともいえるのだ。

それではどのように「文化」を学んだらよいのか。日本語で「文化」という言葉を思い浮かべてみよう。文化国家，文化功労章，文化庁などが思いつくだろう。現代の国家は，その国民文化を基礎にして日常生活が営まれる。「国民性」とはそれぞれの国の人々が持っている国民的な特質のことだが，国民性がその国の文化であることは言うまでもない。わが国では最近「おもてなし」の文化を強調して観光産業に役立てようとしている。しかしこれは日本人が歴史的に培ってきた，「相手を大切に思い，謙遜する」というような私たちの祖先の地域コミュニティから生まれたひとつの国民的な文化である。「文化」を知るには，まさにその「文化」が生まれてきた歴史を知ることが必要になる。

最近では国家を超えて「まんが文化」「野球文化」など大衆文化としての広がりを，文化と呼ぶが，こうした世界中に広がった大衆文化を最近では「サブカルチャー」と言い，このような文化の新しい領域を「カルチュラル・スタディ」と言う。この分野では文化がひとつの国の国民国家のものだけではないことを主張する。これは先のグローバリゼーションと同じように，文化が国家の枠を超えて広がることを意味している。私たちは文化研究の新しい領域が，現代社会の中で日々作り出され，広がりを見せていることを理解する。

日本では明治以降，欧米の言語として「カルチャー」（英語のculture，ドイツ語のkultur）が入ってきてその訳語として「文化」が使用されるようになった。ただし日本では翻訳の関係から精神的なもの，たとえば芸術や宗教，趣味のようなものは「文化」（カルチャー）であり，技術や機械や社会制度という物質的なものを「文明」（civilization）と呼ぶようになった。つまり西洋文明と言うときには欧米の制度や技術を意味し，西洋文化と言うときにはキリスト教文化などをさすようになった。

アメリカの人類学者の父，フランツ・ボアズ（Franz Boas:1858-1942）は，「文明」と「文化」の区別を明確にし，「文明」には物質的な意味があると考えた。したがって彼の考えでは野蛮や未開に対峙する「文明」が持ち出される。しかしその一方で文化はそれぞれが独自の歴史をたどり，その因果関係を明確にすることができないという側面も強調する。ボアズは，こうした「文化」の両面性から，それぞれの文化の独自性を認めた「文化相対主義」という立場を主張する。これは文化に優劣はなく，特徴としてとらえることを意味する。現代ではこうした「文化」を「文明」と区別しつつ，複数形でとらえる「文化相対主義」が普及している。本書もその立場をとり，西洋文化に優劣は付けずに各国の特徴としてとらえている。

そして本書の「地域」はどのようなものを意味するのかを考える。「地域」という言葉は３つほどの使用法がある。第一に英語でいう「ローカルLocal」という意味での地域，第二にもう少し広い空間をあらわす「リージョンRegion」がある。Regionの語源はヨーロッパ言語のルーツであるラテン語の「Regio」からきており，領地や領域という意味を持つ。さらに第三の使用法としては，「エリアarea」というのがある。これは今日ではRegionよりももっと広い空間をイメージする言葉である。本書は主として第二の使用法「Region」で考える。ただし最近ではグローバリズムによって国境があまり問題にならない場合があるので，例外的にこの言葉が国境をこえた地域をあらわすこともある。国家や民族だけにとどまらず，環境・資源・エネルギー・人口問題などを踏まえて強い求心力を持つ地域や，EUのように国家を超えた広い地域などを，様々な視点から考察する必要が生じてきたからだ。本書ではこのようなことをふまえながら，様々な角度から西洋文化ついて論じる。

なお，本書は『地域文化と人間』（増補版／木鐸社）から多くの影響を受けており，泉谷周三郎先生の目的意識である，欧米５ヵ国で人々がどのような生活を送っているのか，「各国がどのように平和の維持，地球環境問題，格差問題，男女のあり方などに取り組んできたのかを明らかにする」という意図を継承している。またそれぞれの国の地域文化の源をたどり，その中で生きている人々の姿を浮き彫りにしたいという思いも共有する。その上で本書では，特に生活史や社会史の中で，歴史的に女性たちが担ってきた衣・食・住・育児やケアの諸問題に注目している。

目　次

初めて学ぶヨーロパ

はじめて学ぶヨーロッパ

1章
ヨーロッパの成り立ちから ヨーロッパ連合(EU)まで

ヨーロッパ(Europe)の国々

1．地形と気候

ヨーロッパ大陸は，地理的にはユーラシア大陸の半島部，ウラル山脈以西の地域をさしている。その総面積は約１千平方キロで，東はウラル山脈・アラル海・カスピ海・黒海・ダーダネルス海峡においてアジアと接し，南は地中海によりアフリカと分けられる。ヨーロッパは中央を東西に走るけわしい山脈を除けばかなり高いところでも人々の集落があり，また古代から多くの道路があり，文化の伝播や交流がおこなわれてきた。またヨーロッパは小さな大陸なので大河はなく，アルプス以北ではなだらかな地形である。気候はほぼ温暖で険しい山脈を除けば緩やかな丘陵状の平野がひろがっており，森林と草地におおわれている。河川は水量が豊富で船舶が往き来して古くから最大の交通網だった。この地に住む主要な民族は，インド=ヨーロッパ語族の言語を話し，地中海地方にはラテン系民族，西ヨーロッパにはゲルマン系民族，東ヨーロッパにはスラヴ系民族が分布し，中世前期にはすでに現代とほぼ同様の民族分布となっていた。ただしフィンランドとハンガリーは，両国がフィン人とマジャール人というユーラシア系の遊牧民族を祖としているためウゴル系の言語をもっている。ヨーロッパは一般的に４つの地域に分類される。

(1) 北ヨーロッパ（北欧）

具体的にどの地方や国を含めるかは，国や国際機関などにより異なるが，国連の定義によれば，スウェーデン，フィンランド，デンマーク，ノルウェー，エストニア，リトアニア，ラトビアなどの北ヨーロッパの国々と最も広い定義の場合は，イギリスとアイルランド，そしてドイツやロシアのバルト海沿岸部の島々も含まれる[1]。

1　https://unstats.un.org/unsd/methodology/m49/　　国連統計部　地理的領域参照

(2) 西ヨーロッパ（西欧）

西欧といえば民主主義国家の発祥でもあるため地理的特徴よりも，むしろ歴史や文化によって区別されることが多い。国連の分類ではオーストリア，オランダ，スイス，ドイツ，フランス，ベルギー，モナコ，リヒテンシュタイン，ルクセンブルクなどである。イギリスは位置的には北ヨーロッパにあるが西欧に分類される場合が多い。かつては資本主義体制をとる西欧，共産主義体制をとる東側と区別されたが，現在は資本主義化が進み政治体制による分類はしない。

(3) 東ヨーロッパ（東欧）

ヨーロッパ東部の地域を指す。1989年頃まで，ヨーロッパの共産主義圏と中立国かつ緩衝国だったオーストリアおよびフィンランドを指して「東欧」と呼んでいた。最近になってそれらの国々の一部が中欧とされる。ベラルーシ，ブルガリア，チェコ，ハンガリー，ポーランド，モルドバ共和国，ルーマニア，ロシア(一部)，スロバキア，ウクライナ。

(4) 南ヨーロッパ（南欧）

ヨーロッパの中でも歴史が古い地域。ヨーロッパ地域の南部を指す。主にラテン語系の言語を母語とする民族が住んでいる地中海沿岸の地域である。(アルバニア，アンドラ，イタリア，ギリシャ，クロアチア，コソボ(一部独立を承認されていない)，サンマリノ，スペイン，スロベニア，セルビア，ヴァチカン(Holy See: 法王聖座)，ボスニア・ヘルツェゴビナ，ポルトガル，マケドニア，マルタ，モンテネグロ)

2．ギリシャ神話とヨーロッパの起源

(1) ギリシャ神話

ヨーロッパの文化はギリシャやローマを発祥としており，ギリシャ神話は神々と英雄たちの口承伝説として現在でも広く親しまれている。紀元前

2000年ごろ，ギリシャに住みついたインド=ヨーロッパ語族の民族は，自分たちの神であるゼウスを崇め，その地の土着の民話などを融合して神話をつくった。ヨーロッパという名称の起源は，このギリシャ神話の中に登場するエウロパ(エウロペ)の伝説に由来するといわれている。ギリシャ神話では，エウロパ(エウロペEurope)はフェニキア(現在のレバノン)王の娘でゼウスに愛され，ゼウスに誘拐される女性として描かれている。ゼウスは白い牛に身をかえて彼女をクレタ島に連れ去り，二人の間にはのちにミノス王となる息子を含めて３人の子どもが生まれたという。牛になったゼウスがエウロパを連れ去るときに駆けまわった地域がヨーロッパになったというのが神話の内容である[2]。

エウロパの誘拐

ティツィアーノ・ヴェチェッリオ作
(米，イザベラ・スチュワート・ガードナー美術館所蔵)

2　その他諸説ある。インターネットでエウロパと入力すると木星の衛星がヒットする。木星はジュピター，これはゼウスの英語読みなのでゼウスの周りをまわる衛星であることからエウロパと名づけられたようだ。このように天体観測という科学の分野にもヨーロッパ文化はインスピレーションを与えている。ギリシャ神話もヨーロッパ文化の起源である。

(2) ヨーロッパ諸国の誕生とローマ帝国の滅亡

ヨーロッパの中世はゲルマン民族の大移動によってもたらされた。ただしゲルマン民族の台頭によって文化的な水準はかなり後退し，それが再び発展するには相当な時間を必要とした。もともとゲルマン民族はバルト海沿岸に住み，牧畜と狩猟によって生活する部族集団だった。彼らは文字を持たず，移動生活をしており，一部の者はローマ帝国の傭兵(ようへい)だった。375年，アジアからフン族の侵入があり，その混乱がゲルマン民族の大移動をひきおこした。そして476年，そのさなかにローマ帝国は傭兵隊長だったオドアケルによって滅ぼされた。西ローマ帝国が滅びると，未開のゲルマン人に代わって文明の代表者となったのはローマ・カトリック教会だった。ローマ教皇はゲルマン人をキリスト教徒に改宗させ，宗教的な支配下に置き，教権(キリスト教の権力)の長となった。

中世は二つの焦点をもつ楕円で示すことができる。つまり政治権力をにぎったゲルマン民族と同時に，教皇の宗教的な教権も中世の長に位置した。そして教皇の「兵士」として働いたのは修道士たちだった。中世の文化は修道士たちと修道院によって開かれた。最古の修道院はイタリアのモンテ・カシーナに529年，ベネディクトス(480－543)が設立した。「祈り，かつ働け」という言葉で示されるように，修道士は労働を重んじた。政治の長のフランク族はフランク王国を設立した。文明的に未開だった彼らはローマ人と同じようにキリスト教徒になることによって，地域に住むローマ人との関係を徐々に改善していった。国土はカール大帝(シャルル・マーニュ，在位: 768－814)の時代に最大の規模となる。多くの民族の集合体となった国家を政治的にまとめるのは困難であり，それを宗教においてローマ・カトリックがまとめるということは双方にとって重要な意味があった。800年にカール大帝(シャルル・マーニュ)は教皇レオ3世から西ローマ皇帝の冠を授けられ，古代ローマの皇帝の理念と，キリスト教，ゲルマン民族という三者の政治的な結合を実現することになり，フランク王国は最盛期をむかえた。キリスト教は，ビザンツ皇帝(東ローマ)が支配するギリシャ正教会と，フランク王国が後ろ盾となるローマ教皇が指導するカトリック教会とに明確に二分された。シャルル・マーニュの死後，ヴェルダン条約(843年)によって王国は分割され，西フランク王国(後のフランス)，中部フランク王国，東フランク王国(後のドイツ)に分かれ，さらにメルセン条約(870年)によって王国は，ほぼ現在のフランス，ドイツ，イタリアに相当する地域に分割された。東フランク王国は現在のドイツ語圏をほぼ統治することになり，後にラテン語圏を切り離してドイツの原型が形成される。それはザクセン，フランケン，シュヴィーベン，バイエルンなどの6つの公国による緩やかな連合体として成立した。一方ノルマン人は北ヨーロッパを原住地としていたが，彼らはすぐれた造船技術を持っていたため，国外にヴァイキングとして進出し，フランスの西部にノルマンディ公国を設立した。

(3) 農業革命と封建制社会の確立 (ヨーロッパ文化の確立)

今から約1千年前のヨーロッパは森が果てしなく続き，北欧や山岳地帯ではモミの木，南欧ではマツ，中欧ではナラやブナ(オーク)の森がひろがっていた。ナラの木は古代ギリシャではゼウス神の神木として尊重された。ゲルマン人やケルト人にとって森は生活のためのめぐみの場所であるとともに，魔女や妖精か住む不思議な場所でもあった。

10世紀末ごろから狩猟民族であるゲルマン民族は定住をはじめ，森を改良して生計をたてるようになった。三圃式農法(冬畑→夏畑→休耕地→冬畑という輪作方法)が普及すると，道具類が発明されるようになった。鉄器農具の普及は森林を切り開くのを容易にし，生産力の増加をもたらした。人口は増加し，それが労働力の増加につながり，農業革命に匹敵するような生産の増加がおこった。農業の共同作業は集落を形成し，やがて領主が出現して主従関係が結ばれた。また商業が復活し大きな修道院や城下において都市の形成がみられた。

中世社会の特徴は，祈る人(聖職者)，戦う人(騎士・貴族)，働く人(農民・商人・職人)という三つの身分によって構成されたことである。主君と家臣の関係はやがて世襲制となり，ピラミッド型の階層社会が形成された。西ヨーロッパにおいては，封建貴族の最盛期は11～13世紀であり，ゲルマンの戦士たちはこの時期に騎士となって騎士道精神を誓約するようになった。「魂は神に，生命は国王に，名誉は我に」という格言は，この騎士道精神をあらわしている。西ヨーロッパ世界では10世紀末から13世紀半ばまでの間に農業革命と経済成長によって封建社会とその文化の基本的枠組みが整った。この期の特徴的な文化は，今日「12世紀ルネサンス」と称されて，この後の時代の芸術や文化のルネサンスの原動力ととらえる考え方が現代ではほぼ普及している[3]。

(4) 12世紀ルネサンス－先進的アラビアとの遭遇が生んだ大転換期

中世(476年西ローマ帝国の滅亡から1453年の東ローマ帝国の滅亡まで)とは変化のない「暗黒の時代」とされてきた。しかし最近ではローマ帝国と切り離したヨーロッパ自らの学問の隆盛や文化の形成期と理解されている。村社会が形成され，その中心に教会が建設されるようになると，教会はロマネスク美術の完成と，ゴシック美術の興隆の象徴として，その威光は建築に表現されていく。法学の復活，ギリシャ，アラビア語の文献の翻訳，哲学の復興，そして大学のはじまりなどがこの時期の特徴として現れ，それらはすべて修道院を中心にすすめられた。この時期の修道院は，キリスト教の発信地であるとともに，西ヨーロッパの学問を絶滅から救うアカデミックな組織でもあった。

スコラ哲学の基礎を築き，ノートルダム大聖堂付属学校の神学と哲学の教師だったアベラール(Pierre Abēlard 1079－1142)は聖職者ではなかった。彼は教会と結びついていない知識人で，中世フランスの論理学者だった。彼のように純粋に真理の探究をする自由で開放的な知識愛好家の学者が生まれるのもこの時代の大きな特徴である。ピエール・アベラール(Pierre Abélard: 1079－1142)の弁証論(唯名論)はのちにトマス・アクイ

3　伊東俊太郎著『十二世紀ルネサンス』(2006)講談社　第1講を参照

ナス(1224年頃－1274年)によって中世の哲学であるスコラ哲学として集大成される。11世紀末にイタリアのボローニャ大学，12世紀のパリ大学やオックスフォード大学など，修道院を中心に大学が各地に作られていくが，12世紀ルネサンスはその基礎を築いた文化である。この12世紀ルネサンスの代表といえばフランス，シャルトル学派のベルナール(Bernard de Chartures)だ。

「我々は巨人の肩に乗っている小人のようなものである。それゆえ我々はその巨人たちよりも多くのものを見ることができるし，もっと遠くを見ることができる。しかしそれは我々自身の目が鋭いからではなく，また我々自身の背丈が高いからでもなく，まさに我々がその巨人の杖をもつ人々によって高く掲げられ担われているからなのだ[4]」

ベルナールは先駆者が偉大な学術を復興したおかげで新しい地平線が見えるようになったことをのべている。先駆者とはギリシャ・ローマの古典文化を意味し，アラビア文化もさしている。シャルトル学派の特徴はキリスト教以外の文化圏のギリシャやアラビアの自然学研究をラテン語に訳して多く取り入れ，知的教育と道徳教育を融合させたことにある。当時シャルトル大聖堂の附属学校では古典古代の自由学芸(リベラル・アーツ artes liberales)が新しい時代に即した形で教えられた。

そもそもリベラル・アーツとは数学的学問の４科，幾何学(geometrica)，天文学(astoronomica)，算術(Artithmetica)，音楽(musica)。さらに３科，文法(grammatical)，修辞学(rhetorica)，弁証法(dialectica)という文化的学問，これらを合わせて自由７科という内容で中世を通じて体系化されてきた。これをベルナールは根本的に新しい視点に立って改良しようと試みた。ベルナールは学ぶ者の個性を尊重し，それぞれの才能を重視しつつも詰め込み教育をせず，知的教育と道徳的教育を結合させようとした。さ

4　伊東俊太郎著『十二世紀ルネサンス』(2006)講談社97頁

らに他の司教座付属学校にはないカリキュラムとして，自然学研究を重視した。そのためギリシャやアラビアの学術もラテン語に翻訳して取り入れたのであり，このような異教の学問を取り入れることは当時としてはかなり異例なことだった。彼の方針を継承した後の学頭(chancellor)ティエリ(Thierry de Chartres: ベルナールの弟)は兄同様にリベラル・アーツを重視し，特に宇宙の合理的説明はすべて数学に依存するのだから数学的四科，幾何学，天文学，数学，音楽は重視しなければならない，そして数学的学科は神の御業を解く鍵であり，神学の知識のための正しいオルガノン(道具)であることを主張した。やがて神学と自然学との統合が学問的に追及されるようになる。この影響はロジャー・ベイコン(Roger Bacon: 1214–1294)やヨハネス・ケプラー（Johannes Kepler: 1571 – 1630)，ガリレオ・ガリレイ(Galileo Galilei-1564 – 1624)，アイザック・ニュートン(Sir Isaac Newton-1642 – 1727)などの自然の合理的探求による神の認識の研究に継承される。

(5) 文学のはじまり―宮廷恋愛（アムール・クルトゥワ）と騎士道

12 ～ 13世紀ごろにかけて，宮廷は領主を中心とした社会の場で，宮廷恋愛や騎士道精神をうたった文学や音楽が作られた。宮廷専属の吟遊詩人，トゥルバドゥール(les troubadours)はゲルマンの世界にはなかった女性と男性との対等な愛の関係を，騎士の武勲物語に融合し語り伝えた。トゥルバドゥールは12世紀に南フランスのプロバンス(provence)やラングドック(Languedoc)に突如として出現した。彼らは女性を高貴な存在として崇め，熱烈でロマンチックな愛を奏で，その愛の成就が困難であればあるほど愛の質が高められるという，新しい「宮廷恋愛」(amour courtios: アムール・クルトゥワ)の抒情詩をひろめた。彼らは旅芸人ではなく，リュートという楽器を抱え宮廷に仕える芸術家であり，音楽家だった。リュート(lute)という楽器もアラビアのウード(ude)から来たもので，彼らはアラビアから来た音楽文化を学んだ楽師であり，これはアラビアと西欧の文化交流がヨーロッパ文学に愛をもたらしたことを示している。

たとえば『ロランの歌』は，フランスで1100年頃にまとめられた西洋文学の誕生を告げる叙事詩であるが，778年にシャルル・マーニュ（カール大帝）がイスラムのサラコザの町を攻略してスペインから引き上げてくるとき，そのしんがりをつとめた護衛軍がピレネー山脈のロンスヴォーの峠でその地方の住民（バスク人）に襲われて全滅した事件を題材にしている。ただしこの作品ではバスク人はサラセン人に代えてある。この護衛軍を指揮していたのがロランという優秀な武将だった。叙事詩ではロンスヴォーの峠で待ち構えていたサラセン人が急襲をかけるときに，ロランに親友のオリヴエが，角笛を吹いてシャルル・マーニュの本体の救援を呼ぶように提案するが，その提案を聞かずにロランは騎士の自尊心から単独で戦い，隊が全滅するという4002行の長編の叙事詩である。この作品は愛国とシャルル・マーニュに対する忠誠，武将としての誇りなどが描かれておりゲルマン民族らしい内容となっている。しかしこの中に恋愛の感情は含まれていない。たとえばロランを失った許嫁のオードに対する表現にさえも哀れみや感情的な表現はまったく見られない。叙事詩では妻や恋人という異性への愛よりも友情や主君への愛が重視されるゲルマン社会の性格や常識が描き出されている。

一方でその少し後，12世紀になってからまとめられた『トリスタンとイゾルテ』には濃密な愛情の人間ドラマが描かれている。これによって12世紀を境にして，無骨だったゲルマンの感覚に感情的で豊かな情愛の文化が融合されるようになったことがわかる。イギリスでは1136年頃の『ブリテン王列伝』で「アーサー王物語」がまとめられ，これもまた主君への忠誠や騎士たちの友情の物語が描かれている。ドイツでは少し後になるが，13世紀初頭に『ニーベルンゲンの歌』がまとめられている。これは愛と復讐の物語で，より一層文学的な発展が見られる。この時期，文芸と同時に教会音楽の発展もあり，12～13世紀にかけてポリフォニー（polyphony多声音楽）が発達する。多数の音律が重なり合うスタイルは，より音楽に感情やドラマ性を持たせ音楽の革新となった。宮廷恋愛（アムール・クルトゥワ・Amour courtois）の物語は，ウィリアム・シェイクスピア（William

Shakespeare-1564 − 1616)などの後世の文学や演劇の作品にヒントを与え，様々な形に融合され現代に至っている。

3．EU（ヨーロッパ統合)の成り立ち

(1) ヨーロッパ統合のはじまり

ヨーロッパの歴史は戦争による分裂と統合の歴史といわれている。戦争のたびごとにヨーロッパの境界線は移動してきた。狭い地域に数多くの国々が密集するヨーロッパ諸国は，戦争に明け暮れてきたといってもよいだろう。第二次世界大戦は1939年９月に，ドイツ軍がポーランドに侵攻し，イギリスとフランスがドイツに宣戦布告して始まった。1945年５月にベルリンが陥落し，ドイツは無条件降伏したが，これに先立ち1945年２月アメリカ，イギリス，ソ連の首脳は，ヤルタ(クリミア半島南端の都市)で会談をし，協定を結びドイツの戦後処理の大綱を決めていた。この第二次世界大戦によるヨーロッパの犠牲者は5000万人に及び，世界の工業国だったイギリス，フランス，ドイツは独力では経済の再建ができないほどに衰退した。そしてこれにかわって軍事的にも政治的にも大国として登場したのがアメリカ合衆国とソビエト社会主義共和国連邦(ソビエト連邦と略す)だった。

1947年６月，アメリカはマーシャル・プラン(ヨーロッパ復興援助計画: Europian Recovery Program)を発表し，ヨーロッパ諸国への援助を行うことで，ヨーロッパにおける多くの国々を西側陣営に引き入れようとした。それに対してソ連はこのプランに反対して東欧諸国にこれを受け入れないように強制し，翌年コメコン(経済相互援助会議: COMECON)を設立して東側陣営の結束と強化をはかった。こうしてヨーロッパ大陸は東西に二分され，東西冷戦と呼ばれる対立が激化した。つまりアメリカを中心とした西側とソ連を中心とした東側という二つの世界が第二次世界大戦後の世界を分断し，冷戦という緊張関係を作り出した。東西冷戦とは第二次世界大戦後に巨大になった両国の，世界における覇権争いだった。ドイツの

戦後処理を巡っても，アメリカ・イギリス・フランスとソ連は対立した。その結果ドイツの戦後分割をめぐって1949年９月にドイツ連邦共和国(西ドイツ)と，同年10月にドイツ民主主義共和国(東ドイツ)が発足することとなり，結果，ドイツは東西に二分された。

第二次世界大戦後，ヨーロッパは疲弊し，多くのものを失ったが，その中で1946年，イギリスのチャーチル首相(ウィンストン・レナード・スペンサー＝チャーチル：Sir Wilnston Leonard Spencer-Churchill1874 － 1965)は，スイスのチューリッヒ大学で「ヨーロッパ合衆国」の建設を学生たちに呼びかけた。学生たちはこれに触発されて，各地でヨーロッパ連合のアイディアが活発に訴えられるようになった。この思想はやがて戦争によって傷ついたヨーロッパ諸国に一筋の希望を与えるようになった。1948年５月，オランダのハーグで「ヨーロッパ評議会」が設立された。この評議会はヨーロッパを漸進的に統合しようとする試みだった。しかし対立を避けるために防衛の分野が除外されたこともあって具体性を欠き，意見交換の場にとどまった。

コラム：ソビエト連邦について

ソビエト連邦とは，15の共和国，①ロシア②ウクライナ③ベラルーシ(白ロシア)④ウズベキスタン⑤カザフスタン⑥ジョージア(グルジア)⑦アゼルバイジャン⑧リトアニア⑨モルドヴィア⑩ラトビア⑪キルギスタン⑫タジキスタン⑬アルメニア⑭トルクメニスタン⑮エストニアが結合して，1922年から1991年まで存在した共和制の国家である。1917年の10月革命によってロシア帝国を倒したロシア社会民主労働党は，マルクス・レーニン主義に基づく共産主義の臨時政府を設立し，赤軍，白軍に分かれて内戦を繰り返し，1922年に赤軍が勝利して共産主義の連邦国家を設立した。1924年にレーニン(ウラジミール・イリイチ・レーニン：1870 － 1924)が死去するとスターリン(ヨシフ・スターリン：1878 － 1953)が政権についた。第二次世界大戦は連合国と戦ったものの，以後は，西欧諸国と対立し長期の冷戦へと発展した。1980年代になると経済の悪化が著しくなり，ソ連最後の指導者となるミハエル・ゴルバチョフ(1931－)が民主的改革をすすめ，共和国を北欧型の社会民主主義に向けようと推進した。これをペレストロイカ(改革)とグラスノスチ(情報公開)として政策的に押し進めたのだが，それに反発する軍部がクーデターをおこし，ゴルバチョフを拘束した。ロシア共和国の大統領ボリス・エリツィン(1931－2007)がうまくこれを収め，軍部から解放されたソビエト連邦最高指導者のゴルバチョフは辞職することになった。その結果ソビエト連邦は崩壊し，以後，形式上，ロシア共和国がソビエト連邦の権利と義務を引き継ぎ，連邦崩壊後，その他の構成国は，独立国として，そのまま共和国の体制を維持しつつ，独立国家共同体(CIS)として経済と軍事に関して協力体制をとることになった。ただしウクライナは参加せず，ジョージアは一度加入後脱退した。またバルト三国(リトアニア，ラトビア，エストニア)は崩壊を待たずに連邦から脱退した。

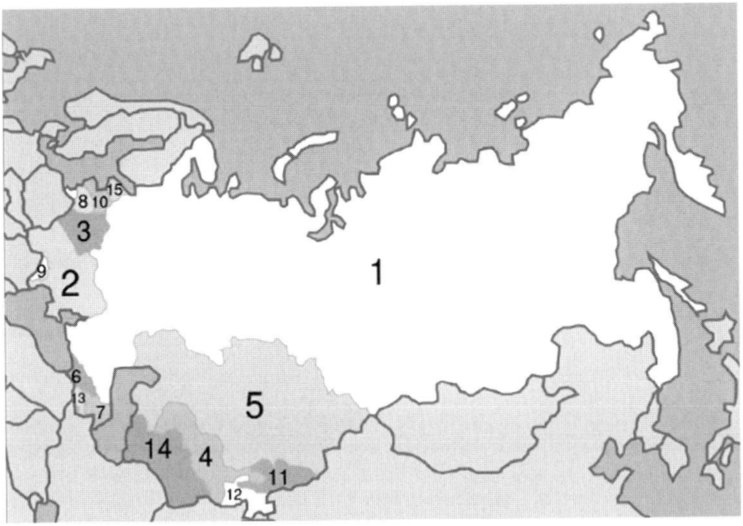

1．ロシア，2．ウクライナ，3．ベラルーシ(白ロシア) 4．ウズベキスタン，5．カザフスタン，6．グルジア(ジョージア)，7．アゼル

バイジャン，8．リトアニア，9．モルドバ，10. ラトビア，11. キルギス，12. タジキスタン，13. アルメニア，14. トルクメニスタン15. エストニア
出典 （https://www.gnu.org/licenses/fdl.html）

ヨーロッパ統合の大きな障害の一つとなったのはフランスとドイツの間に見られる領土に関する敵対的な考えだった。アルザス，ルール，ロレーヌなどの石炭や鉄鋼の生産地の領有についての歴史的経緯が，フランスとドイツの政治的な対立原因だった。両国は戦争のたびにその土地を奪い合ってきた。しかし1950年フランスのロベール・シューマン外相が提案した「シューマン・プラン」はこの問題を解消し，今日のヨーロッパ連合の出発点となった。このプランとは，フランスとドイツの対立要件を解消する方法として，両国の石炭・鉄鋼を共同の機関で管理するというものだった。西ドイツのアデナウアー首相は即座にこのプランを受け入れた。

ただし，実際にこのプランを作成し，粘り強く交渉にあたったのは，ジャン・モネ（Jean Monnet: 1888 − 1979）だった。コニャックの酒造業の家に生まれたモネは，実業家，経済人としての広い活動の中で，経済面からヨーロッパ共同体をつくることを主張した。彼の主張はフランス外相ロベール・シューマン（Robert Schuman1886 − 1963）を動かし，シューマン・プランとして実現することになった。彼は後にヨーロッパの名誉市民の称号を与えられ，「ヨーロッパの父」と呼ばれるようになった。

1951年4月，フランス，西ドイツ，イタリア，オランダ，ベルギー，ルクセンブルクの6ヵ国（EU6）はモネの理想である経済統合を目的としたシューマン・プランに同意し，ヨーロッパ石炭鉄鋼共同体（ECSC: European Coal and Steel Comunity）条約をパリで調印し，1952年1月に正式に発足した。その後モネはシューマンの推薦でECSCの初代委員長になった。アメリカはシューマン・プランを西側の協力体制の強化ととらえて賛成したが，イギリスは，このプランには超国家的な性格が見えるとして警戒し，

参加することはなかった。一方，ベルギーのスパーク外相とオランダのベイエン外相はさらなる経済統合を目指すべきであるとし，「メッシーナ決議」を採択し，1957年3月，ローマでヨーロッパ経済共同体(EEC: European Economic Comunity)とヨーロッパ原子力共同体(EURATOM: European Atomic Energy Comunity)を設立する二つの条約(通称ローマ条約)が調印され，1958年1月に発足した。

1958年にアルジェリア危機がおきると，これを解決するために公的生活から引退していたド・ゴール(Charles André Joseph Pierre-Marie de Gaulle1890 – 1970)が現役復帰し，挙国一致内閣を組織した。同年10月，ド・ゴールは第五共和制憲法を公布し，正式にフランスの大統領に選出された。ド・ゴールは1961年に経済だけに限定されない政治，外交，軍事，防衛，文化も含めて協議するという「フーシェ・プラン」に賛成し，政府間会議を定例化しようとした。しかしベネルクス三国はフランスのこうした政治的で強行的な考えに反対してこの案に賛成しなかった。一方ド・ゴールは1965年7月EEC委員長が提出した「ハルシュタイン・プラン」が超国家的であるとして司法裁判所を除いてEECの各機関から代表を引き上げてしまった。そのためEECは6ヵ月にわたって機能不全に陥った。翌年1月ルクセンブルクで「死活的な国益に対しては拒否権を認める」などの条項が加えられてこの問題はひとまず収束した。これを契機にヨーロッパ石炭・鉄鋼共同体(ECSC)，ヨーロッパ経済共同体(EEC)，ヨーロッパ原子力共同体(EURATOM)はその執行機関を統一し，晴れて1967年7月欧州諸共同体(EC)として発足することになった。

(2) ヨーロッパ統合の進化と拡大

ド・ゴール退陣後，1969年12月フランスの大統領となったポンピドゥーを含め，EC6ヵ国の首脳がハーグに集まり，4つのスローガンを1970年代の目標として掲げた。1．完成(共通農業政策の採択)，2「深化」(経済通貨同盟の成立)，3「拡大」(イギリス，デンマーク，ノルウェーの加盟を実施する)，4「政治協力」(EC各国は「一つのヨーロッパの声」として発言，行動するように呼びかける）である。

1973年１月には，イギリス，アイルランド，デンマークがECのメンバーとなった。ノルウェーは加盟申請をしていたが，国民投票で否決され，加盟を断念せざるを得なかった。EC加盟国は単一市場を形成して経済を活性化しようと考え，統合を加速させた。1965年１月にジャック・ドロール（Jacques・Delors: 1925－）はEC委員長に就任し単一市場の形成に努力し，スペインとポルトガルがECに加盟して1986年には加盟国が12ヵ国となった。

1989年にベルリンの壁が崩壊し，1990年10月，正式にドイツ再統一が実現した（最初のドイツ統一は1871年，ドイツ帝国の成立）。1992年２月オランダのマーストリヒトでヨーロッパ連合条約が12ヵ国で調印された。これによってEC（欧州諸共同体: European Communities）はヨーロッパ連合EU（European Union）となった。1995年１月，オーストリア，フィンランド，スウェーデンが加盟し，EU加盟国はこの時点で15ヵ国に増えた。

通貨統合に関しては，決済通貨ecuの試用や，1970年代のアメリカのニクソン・ショックの影響による通貨バスケット制の経験を行って，1999年１月，新しい単一通貨「ユーロ」の使用（決済，小切手，送金，預金など）が加盟国11ヵ国ではじまった。参加した国は，ドイツ，フランス，イタリア，オランダ，ベルギー，スペイン，ルクセンブルク，ポルトガル，アイルランド，フィンランド，オーストリアである。参加しなかった国はイギリス，デンマーク，スウェーデン，ギリシャである。2002年１月「ユーロ」の新紙幣，硬貨の流通が始まり，これらの国では７月１日以降各国の通貨は使用できなくなり，「ユーロ」のみが流通することになった。

EUには2004年に東欧，地中海諸国の10ヵ国が加盟した。さらに2007年にはブルガリアとルーマニアが加盟し，2007年には27ヵ国となった。ベルギー，ブルガリア，チェコ，デンマーク，ドイツ，エストニア，アイルランド，ギリシャ，スペイン，フランス，イタリア，キプロス，ラトビア，リトアニア，ルクセンブルク，ハンガリー，マルタ，オランダ，オーストリア，ポーランド，ポルトガル，ルーマニア，スロベニア，スロバキア，フィンランド，スウェーデン，イギリスである。2017年10月には，EUの総人口は5億1200万人(日本の約4倍)，域内総生産(GDP)は，17兆3254億ドル(世界経済の27.87パーセント：The world Bankデータ)である。

2008年アメリカから発生した金融危機はEUに波及し，域内の富裕国と経済的な弱小国の間に亀裂を生じさせた。弱小国は富裕国と同一通貨を使用することにより，経済的恩恵を受けやすくなり，一方でドイツやフランスなどの富裕国は弱小国が経済危機を生じると別の国家であっても経済面での影響が大きく及ぶという困難が生じるようになった。独立した国家同士でありながら経済統合であることの困難さをどう克服すべきか，また経済危機を回避するためにEU全体としてどのように対処すべきか，知恵と粘り強い努力が現在も続けられている。

EUは2013年3月にクロアチア共和国が加盟して，28ヵ国に拡大したが，2016年6月23日にイギリスではキャメロン首相のもとでヨーロッパ連合離脱にともなう国民投票が実施され，その結果EUからの離脱が決定した。デヴィッド・キャメロン首相は辞任し，2017年以降は，保守党のテリーザ・メイ首相(Teresa May)の下でEU離脱の手続きが協議されている。イギリスのチャーチル首相の演説をきっかけに構想されたヨーロッパ共和国という構想は，イギリスの離脱によって大きな局面に立たされた。しかしEUにはその結束を強めることによって平和を維持し，健全な経済発展を推進するという歴史的な目標がある。政治的利害をのり越えてヨーロッパの経済発展による平和の維持は，21世紀のヨーロッパ諸国の理念でもある。地球環境の保全をはかり，ヨーロッパ域内で平和と繁栄を確立し，アジア，アフリカ諸国を含めた世界全体へと経済的繁栄を拡大させてゆくことが，現在のEUに求められている。2012年，これまでのEUの歴史に対し，ノルウェーのノーベル賞委員会は「欧州の平和と調和，民主主義と人権の向上に60年以上にわたって貢献した」として欧州連合(EU)にノーベル平和賞を授与した。戦争による苦しみの歴史を経たヨーロッパは，今後の国際社会の繁栄と平和へ，岐路に立ちながら今後も大きな影響力を持ち続ける。

第２章
英国（The United Kingdom of Great Britain and Northern Ireland）

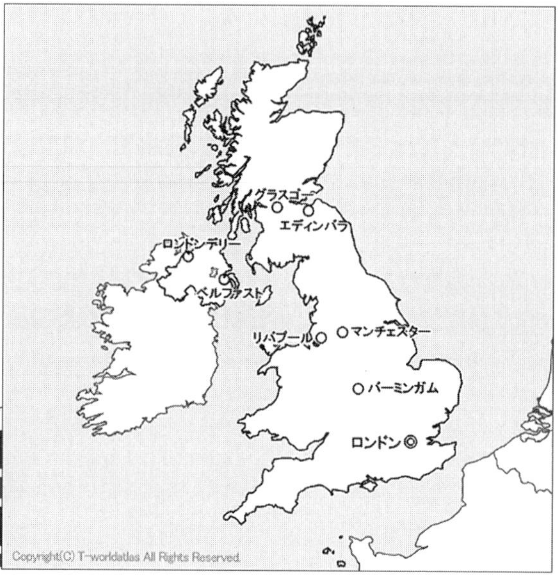

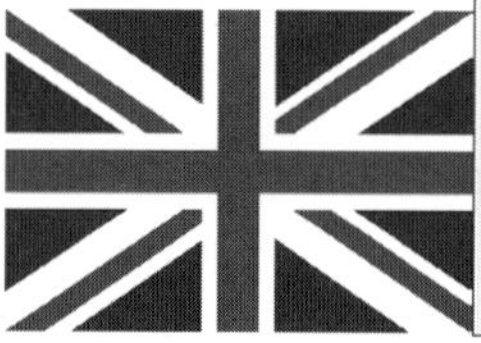

１．自然と民族

(1) 地勢と気候

日本人は英国を「イギリス」とよぶことが多いが，この言葉はポルトガル語の「アンゲレス」を日本人が聞いて「イギリス」と発音するようになったものだ。つまり英語の「イングリッシュ」が語源である。日本で「イギリス」と言う場合にはEnglandという特定の地域をさす場合やGreat Britainという英国の主要な領域をさす場合，あるいは連合王国であるUnited Kingdomをさす場合があり，「イギリス」というのは日本での呼称である。

イギリスの名称は「グレートブリテン島および北アイルランド連合王国」(The United Kingdom of Great Britain and Northern Ireland)が正しい。省略して「連合王国」と呼ぶ場合もある。イギリス人は省略してU.K.と表記したりkingdom（王国)と呼んだりする。また地域についてのべるときはBritainやGreat Britainを使用する場合が多く，その中にはイングランド，ウェールズ，スコットランドというイギリスの連合する地域が含まれている。これら地域はもともと言語や民族が異なる独立した国家だった。

そもそもイギリスは歴史的にその領土の規模を大きく変えてきた。ヨーロッパの辺境の島国が19世紀には海洋帝国として各大陸に植民地を領有し，かつては「日の沈まない国」や「パックス・ブリタニカ」などとよばれるほどの大国だったが，第二次世界大戦後，植民地の独立によって，その領土は急速に縮小した。現在の政治体制は立憲君主制で，君主はエリザベス２世女王(1952年２月６日即位)である。国土の面積は24.4万平方キロメートル(日本の約65パーセント)で，北はシェトランド諸島から，南はイングランド南のワイト島まで大小様々な島々から成り立つ島国である。これらの島々は氷河期の氷床の融解によって，かつて接続していたヨーロッパ大陸から分離して形成された。人口は6564万人(2016年)ほど，首都はロンドン。人口は約886万人(2018年)。主要都市の人口は，バーミンガム約114万人(2018年)，リーズ約50万人(2018年)，グラスゴー約61万人(2018年)である。最近では移民の増加で人口増とロンドンへの一極集中が見られる。

連合王国の中で特殊なケースとしてはウェールズがある。イングランドの隣国だったウェールズが，正式に併合されたのは1536年だったが，13世紀ごろからすでにイングランドの占領地となっていた。現在首都はカーディフであるが，この首都は1955年になっておかれたもので，ヨーロッパでは非常に新しい首都である。

スコットランドについては，1603年にエリザベス１世(1558－1603)没後にスコットランド王ジェイムズ６世がイングランド王ジェイムズ１世(在位1603－1625)として即位し同君連合[5]となり，正式な併合は1707年である。スコットランドの首都はエジンバラである。

アイルランドは12世紀からすでにイングランドの支配下に置かれていたが，合同法によってアイルランドの全島が1801年に正式併合した。その後1922年に南部26州が独立して分離し，現在北部６州だけが連合王国に属している。北アイルランドの首都はベルファストである。

グレートブリテン島におけるスコットランドとイングランドの統一によって，1606年にイングランド国旗とスコットランド国旗を重ねた初代英国国旗(ユニオン・フラッグ)が制定された。アイルランド併合後，さらにアイルランド国旗が重ねられて現在の英国国旗となった。ユニオン・ジャックとして世界中から親しまれている英国国旗は，連合王国の連合の象徴でもある。

イギリスはヨーロッパ大陸の北西のはずれにあり，北大西洋と北海，イギリス海峡とアイリッシュ海に面する島国で，グレートブリテン島とアイルランド島北東部から成りたっている。グレートブリテン島は，ほぼ北緯60度から50度の間に位置しており，その南端でも，その緯度は日本でいえばサハリンの中間部と同程度である。しかし暖流の北大西洋海流と偏西風の影響により，年間を通じて雲の垂れこめた曇天や小雨の日が多く，寒暖差のない比較的すごしやすい気候である。ただし「１日のうちに四季がある」と言われるほど気候の変化は激しい。

高低差としては，グレートブリテン島の東南部のイングランド地方は平坦で山脈はないが，北部のスコットランドのハイランド地方には１千メートル級のグランピアン山脈がそびえている。スコットランドは南側の丘陵地帯のサザン・アップランド地方と平野のローランド地方，北部のハイ

5　複数の君主国の君主が同一人物の場合の体制

ランド地方に分けられるが，ハイランド地方を分断する巨大な谷，グレート・グレンにはネッシーで有名なネス湖がある。イギリスの最高峰のベン・ネビス山(1344m)もグレート・グレン沿いにあり，イギリスの登山家には「ザ・ベン」としてよく知られている。またイングランド北部にはペナイン山脈があり，その周りには産業革命の中心となったランカシャーやヨークシャーなどの地域がひらけている。しかし土地はやせていて，農業には適さず，エミリー・ブロンテ(Emily Jane Brontë: 1818 – 1848)の『嵐が丘』[6]に登場するようなムーアとよばれる荒れ野がペナイン山脈を囲む。

一方ペナイン山脈から谷を降りた西側，イングランド北西部にはビアトリクス・ポターが描いた『ピーターラビットのおはなし』[7]で有名な，美しい湖水地方が広がり，多くの湖が点在している。ワーズワス(William Wordsworth, 1770 – 1850)やコールリッジ(Samuel Taylor Coleridge, 1772 – 1834)などのイギリスの文学者や詩人たちがこの地方の大自然を愛し，多くの作品を残した。ここはイギリスを代表する観光地で，世界中から人々がやってくるが，ビアトリクス・ポターも晩年に力を注いだ19世紀のナショナル・トラスト運動以降，現在でもナショナル・トラスト[8]がこの地方の４分１の土地や建物を所有している。この運動によって鉄道の路線が入ってこなかったため，現在でも多くの自然が昔のまま残されている。

イギリスは日本と同じ島国だが，日本に比べ山地が少なく，山地があってもその高さが低いうえ，気候や地理的条件はきわめて異なっている。イ

6 『嵐が丘』(1847)エミリー・ブロンテ作　光文社古典新訳文庫(2010)。

7 『ピーターラビットのおはなし』ビアトリクス・ポター作　いしいももこ訳　福音書館(2002)。

8 ポター家の友人だった牧師のハードウィック・ローンズリー，オクタヴィア・ヒル，ロバート・ハンターが1895年に設立した環境保護のボランティア団体で，貴族や資産家がパトロンとなり，産業化による土地開発によって失われていく歴史的建造物や風景を守るイギリス最大の自然保護団体。正式名称は歴史的名所や自然的景勝地のためのナショナル・トラスト(National Trust for Places of Historic Interest or Natural Beauty)。土地については実行可能な限り，その土地本来の要素や特徴，動植物の生態を保存する。

ングランドの西に位置するウェールズにはカンブリア山脈があり，その北西部にはイングランドとウェールズの最高峰スノードン山(1085m)がそびえる。北アイルランドは，アイルランド島の北東部にあたり，島全体の約５分の１の面積を占めている，全体的に平地が多いのが特徴である。グレートブリテン島で一番長い川はテムズ川(346km)である。グレートブリテン島の河川は国土に高低差がないことから，傾斜が緩やかで船の便に適しており，鉄道が発達する以前は運河による運搬が発達していた。特に運河は産業革命期には物流の中心として産業都市に整備されるが，鉄道敷設が進み，運河による運搬が少なくなった現在では，もっぱらレジャー用に利用され，宿泊できるナロウボート(narrow boat)で，のんびり休暇をすごすのが，イギリス人の身近なレジャーのひとつになっている。

バーミンガム市内を流れる運河とナロウボート

手前の材木は水門のレバー。レンガ板に沿って材木を押し歩き水門を開けて水を流し，水面を上下させて通る。

湖水地方，ニア・ソーリ村にあるビアトリクス・ポターの家

『ピーターラビットのお話』が描かれた。世界中から大人も子どもも来訪する。ナショナル・トラストによって昔のままに管理されている。　出典　いずれも著者撮影

(補足)イギリスにはイギリス王室保護領がある。これは連合王国に属さない領土のことでマン島と，チャネル諸島(イギリス海峡の島々，ジャージー島，ガンジー島，オルダニー島，サーク島，ハム島などからなるノルマン・クエスト[9]以

9　1066年　ヘィスティングズの戦いに勝利したノルマンディ公ギョーム二世は，ウィリアム一世としてノルマン朝をイングランドに開いた。これによりイングランドはノルマン人の支配下に置かれた。

降イングランド王国領)である。これらは独自の議会と法律を持っている。

(2) 民族

先史時代のグレートブリテン島には北方人，地中海人，アルプス人などが定住していた。新石器時代(BC3000年ごろ)から青銅器時代(BC1800年)にかけてビーカー人が来島してストーンヘンジ柱石をたてた。ビーカー人はビーカー文化を持ち，ヨーロッパを巡りながら文化をひろめた。紀元前６世紀ごろケルト人が鉄器とともにブリテン島に移住してきたが，彼らは文字を持たなかったので，彼らの生活を知るにはギリシャ人やローマ人の著作を通じてしか知りえない，と言われてきた。　ケルト人はインドヨーロッパ語族の民族で，中央アジアの草原から馬や戦車とともにヨーロッパにやってきた。かれらは霊魂の不滅を信じ，水，森，川などや牛，馬，熊などの自然崇拝を行う民族であり，現在でも独特なケルト文化を形成している。ローマ人はイングランドとウェールズの征服を果たしたが，この「ブリタニア」地域にいた民族を「ブリトン人」と呼んだ。カエサルの二度にわたるブリタニア侵攻後(BC 55 ～ 54年)ブリトン人はローマ化されていった。イングランド西南部に現存する温泉観光地，バースはこの時期にローマ人たちが浴場を建設した遺跡で，世界遺産である。英語のBathの語源になったといわれる。ローマ統治時代に北部に住むピクト人が，激しく抵抗したので，皇帝ハドリアヌス(在位BC117－38)は，「ハドリアヌ

イングランド，バース (Bath) ローマ支配時代の神殿 (史跡:ローマン・バス)

著者撮影

ストーン・ヘンジ

著者撮影

スの城壁」を建造して北部の防御を固めた。この城壁は現在もスコットランドとイングランドの間に一部残っており世界遺産となっている。

カエサルがブリトン人の征服を果たしてから５世紀初めまでの350年間を「ローマ・ブリテン時代」という。ローマ軍の撤退以後は，古くからのブリトン人の部族制社会が復活し，王国が乱立するが，政治的統一を目指す以前に，ゲルマン人のアングロ・サクソン族による侵入がはじまり，アングロ・サクソン族は７世紀初めまでにイングランドの大部分を支配する。このアングロ・サクソン族とブリトン人の間に戦いがおこったとき，ブリトン人の英雄，アーサー王の伝説が生まれた。アーサー王の名は由緒ある『オックスフォードイギリス人名事典』(ODNB)にも掲載されている。大陸から侵入したサクソン人と戦って負けたブリトン人の中に一人，非常に強い武将がいたらしいという伝説が，日本でいう「義経伝説」のようなものとして扱われてきた。アーサー王はもっぱら文学の世界で取り上げられ，「トリスタンとイゾルデ」のトリスタンや聖杯伝説と融合し，イギリス人にとっては夢とロマンにあふれる中世の物語へと変貌していった。

ブリトン人を征服したアングロ・サクソン族とは，アングル人，サクソン人，ジュート人のゲルマン系の民族を総称したものである。かれらは現在のドイツ北岸や南部に居住していた民族で，主にアングル人が現在のイングランドの基礎を築き，彼らの言語が英語の語源となった。ただしジュート人は現在のデンマークに土着する部族で，現スウェーデン中部に土着するデーン人がデンマークに侵攻してきたため熾烈な争いの結果，一部が移住してきたものである。その後デンマークを征服したデーン人のカヌート王がブリタニアに侵攻し，アングロ・サクソン封建家臣団の推挙によってイングランド王カヌートとして即位(在位1016－35)する。これによってイングランドではヴァイキングによる統治がはじまる。後にカヌートはデンマーク王，ノルウェー王を兼ねて北海帝国を建設し，大王と呼ばれたが，死後急速に北海帝国は弱体化し，イングランドでは再びアングロ・サクソン族の王統が復活した。しかしフランスのノルマンディー公国[10]の支援を受けたエドワード懺悔王が亡くなると王に子がなかったので王位継承問題が生じた。エドワード懺悔王の従弟だったノルマンディー公ウィリアム(ノルマンディー公ギヨーム２世)は，この継承問題に乗じて継承権を主張し，1066年にイングランドに侵攻，ノルマン王朝(1066－1135)をたて，中央集権的な封建国家を作り上げた。このことをノルマン・コンクエスト(征服)と呼び，以後イングランドはノルマン人に支配されることになる。

２．歴史と民族
—英仏100年戦争(1337－1453)から名誉革命(Glorious Revolution: 1688－9)へ

(1) ノルマン・コンクエスト（征服王による統治）—英国王室の起源

ノルマンディー公ウィリアム[11](1027－1087)は，王位継承戦争でアングロ・サクソン軍に勝ち，イングランドでノルマン朝の支配をはじめた。これは現在の王室の起源である。征服王ウィリアムはサクソン貴族の土地をノルマン貴族に与えることでその支配を確固なものとしていった。こうして領主は家臣に土地を与え，家臣は軍事力を提供するという中世の封建制度がイングランドで普及し，ノルマン王朝がイングランドを完全に支配することになった。これ以後イングランドの支配者層はノルマン・フランス語を話し，被支配者層は英語を話すという二重言語状態となった。11世紀から13世紀半ばまで，英語は公用語から姿を消し，イングランドの暗黒時代となった。

10　ノルマンディー公国(Duché de Normandie)はノルマン人(＝ノースマン)が９世紀にフランスに侵入して建国したノルマンディー公の公国。現在のノルマン公国はイギリス王室が所有するジャージー島やガンジー島などの島々にあり，所有者であるエリザベス２世をノルマンディー公と呼ぶこともある。

11　ノルマンディー公　ロベール１世の庶子，母はアルレット・ド・ファレーズ(1003頃－1050)

ノルマンディー公ウイリアムの孫のヘンリー２世(1133 − 1189)の治世に，彼の父親がアンジュー伯　ジョフリー・プランタジネットだったのでプランタジネット朝が始まる。ヘンリー２世はアンジュー伯にして，ノルマンディー公，イングランド王，そして妻との婚姻で手に入れたアキテーヌ公領の支配者であり，さらにアイルランドにも侵攻したので，ピレネー山脈からアイルランドに至る広大なアンジュー帝国を築いた。しかし1199年に末の息子のジョン(1167 − 1216・欠地王，Lackland)が王位につくと，フランス王フィリップ二世と戦ってフランスにある領土のアキテーヌ以外のすべてを失った。さらにジョン王は貴族たちから軍役代納金を厳しく取り立てたため，諸侯はこれに対抗して，1215年に自分たちの権利を確認する憲章，「マグナ・カルタ」をジョン王に認めさせた。

その後エドワード１世(1239 − 1307)がスコットランド及びウェールズを征服し，1301年にウェールズを自分の息子エドワード２世(1284 − 1327)に与え，「プリンス・オブ・ウェールズ」と名乗らせた。イギリス王室の皇太子を「プリンス・オブ・ウェールズ」と呼ぶのはこの故事に由来する。

1337年にプランタジネット家出身のイングランド王，エドワード３世(1312 − 1377)は，母イザベラがフランス，カペー朝出身であり，カペー朝が途絶えたことから，フランス王位継承権を主張して1337年にフランスへ挑戦状を送付した(86頁を参照)。前王シャルル４世の従兄弟でヴァロワ伯フィリップがフィリップ６世として即位することになったためである。ここから英仏百年戦争(1337 − 1453)が始まる。当初はイングランドが優勢だったが，1429年にジャンヌ・ダルクが現れ，オルレアンを解放し，戦況は瞬く間に逆転する。1453年アキテーヌがフランス側に落ちて百年戦争は終結した。

ノルマンディーを失ったその後，国内では「ばら戦争War of the Roses」と呼ばれるランカシャター家とヨーク家の王位継承戦争(1455 − 1485)がおきる。この戦争をテーマにシェイクスピアが『リチャード三世』を書いた。ウォルター・スコットが『ガイアスタインのアン』を書き，ランカスター家が赤いバラ，ヨーク家が白いバラの記章を有しており，スコットがそれを強調したことから，以後「ばら戦争」と呼ばれるようになった。ヨーク公エドワード４世が勝者となり，ヨーク朝がはじまるが，エドワード４世亡きあと，その末の弟のリチャードがエドワード４世の息子のエドワード５世とその弟リチャードをロンドン塔に幽閉し，庶子の扱いとした後，自らリチャード３世として即位した。これに反対する人々がフランスに亡命中だったランカスター家出身のヘンリー・チューダーに期待し，ヘンリーはエドワード４世（ヨーク朝）の娘と結婚した後，ヨーク朝の援助も受けてウェールズに上陸し，ボズワースの戦いでリチャード３世を破り，ヘンリー７世（在位1485－1509）としてチューダー朝をひらいた。リチャード３世は戦いによって王位を得，そして失った最後の王となり，ばら戦争は終結する。これ以後，近世の幕開けとなる。

(2) チューダー朝の成立からイングランドの宗教改革（ジェントルマンの形成）

ばら戦争を終結させたヘンリー７世（ヘンリー・チューダー：Henry Tudor）は，エドワード４世の娘の夫であり，正当な王位継承権からは遠かったので，チューダー朝の安定を第一に考え，財政の充実と平和外交に努めた。スコットランドやスペインの王朝と婚姻政策によって縁戚関係となり，1501年の秋，皇太子アーサー（15歳）とスペイン国王の娘キャサリン・オブ・アラゴン（16歳）との婚姻がセントポール大聖堂で行われた。しかし不幸にも，翌年の春アーサーが死亡した。国家の安定を考えるヘンリー７世は，スペインと，ローマ教皇の許しを得て次男ヘンリーと未亡人のキャサリンとをむりやり政略結婚させた。

1509年に父の死により18歳で即位したヘンリー８世（在位1509－47）は190センチ近くの長身のスポーツマンで，音楽やダンスを愛する教養人だったが，短気で強情，女好きで財政的な感覚に欠けるという欠点もあった。父と異なり軍事的野心に駆られて海軍力を強化したが，結局国を財政難に陥らせた。私生活では愛人をたくさん持ったが，キャサリン妃の侍女だった愛人のアン・ブーリンが妻の座を強く希望し，40歳を過ぎた妻キャサリン妃に男子が生まれないこともあり離婚を決意した。1533年「上告禁止法」を議会で決議させ，ローマ・カトリック教会からの独立を果たし，キャサリン妃を離婚してアン・ブーリンと再婚した。「上告禁止法」は宗教問題に関しても，国王が最終決定権を持ち，ローマ・カトリックへの上訴を禁止するという法律である。この決定を受けて，カンタベリー大司教が国王とキャサリン王妃の結婚の無効，およびアン・ブーリンとの結婚を承認することでヘンリー８世の希望をかなえた。もちろんローマ教皇はヘンリー８世を破門にしたが，1554年に議会は，「国王至上法」を成立させ，国王を「イングランド教会唯一の首長」と定めるイングランド教会（Church of England, the Anglican Church）が成立する。

こうした一連の出来事の中で，当時大法官で，賢者として知られていたトマス・モア（Thomas More: 1478 – 1535）が，カトリック的な立場から，国王至上法に反対したことを理由に反逆罪となり，ロンドン塔に幽閉されたのち斬首刑に処せられた。モアは政治家であるとともに人文主義者でもあり，『ユートピア』（1516）を書いたが，これはラテン語で書かれた架空の見聞録である。ユートピアはギリシャ語の「無い（ou）＋場所（topos）」と「良い（eu）＋場所（topos）」を意図した彼の造語で，モアの後，理想郷を意味する一般名詞となった。第１部ではイングランド社会に対する批判が述べられ，第２部では男女平等で共産主義的なユートピア社会を描いている。モアはこうしたテーマをプラトンの『国家』から受け継ぎ，イギリス文学にユートピア文学の流れをつくることに貢献した。これに続いてフランシス・ベイコンの『ニュー・アトランティス』（1626）やサミュエル・バトラーの『エレフォーン』（1872）などが出版された。モアが死刑を言い渡された場所はイギリス議会の隣に位置するウエストミンスター・ホールに現存する。現在モアが死刑判決を受けた場所の床には記念の真鍮のプレートが貼られている。

ウエストミンスターホール内部

トマス・モアが死刑を言い渡された場所の記念板

ウエストミンスター・ホール内・床

ヘンリー8世の離婚問題から生じたイングランドの宗教改革は，やがてイングランドの社会改革へと発展する。ヘンリー8世はカトリックの修道院をすべて解散させ，土地や教会財産をすべて没収した。次に国王はこれを戦費調達に充てるためにすべて売却した。この時に土地を購入して地主になった者たちはジェントリとして地主貴族層を形成する。1536年にはヘンリー8世はウェールズに正式に合同法を決議させて併合した。ヘンリー8世とアン・ブーリンとの間には，後のエリザベス1世が生まれた。ヘンリー8世にはアン・ブーリンと同様にキャサリン妃の侍女だったエリザベス・ブラントに産ませた男の庶子，後の初代リッチモンド公爵ヘンリー・フィッツロイがおり，アン・ブーリンにも男子が生まれることを期待していたが，かなわずに離婚した。彼は新たな妻をむかえ続け，ジェーン・シーモア，アン・オブ・グレイヴス，キャサリン・ハワード，キャサリン・パーと妻をかえた。やっと生まれた男子，エドワード6世は1547年にヘンリー8世の死によって幼くして即位する。母ジェーン・シーモアの兄で，伯父のサマセット公が実権をにぎり，ヘンリー8世の宗教改革を徹底的に推し進めた。エドワード6世が夭折すると，ヘンリー8世の最初の妻キャサリン妃の娘のメアリーがメアリー1世として即位(在位1553－58)し，今度は徹底的に国教をカトリックへ回帰させた。厳しいプロテスタントへの弾圧を行ったので彼女は「ブラッディ・メアリー」(血まみれのメアリー）といわれるほどだった。母（キャサリン・オブ・アラゴン）の母国スペインとの関係を修復させるために参戦した対仏戦争で大敗し，1558年に大陸最後の領土だったカレーを失った。これ以後イングランドは領土獲得政策の基軸をヨーロッパから新世界へ向ける。

(3) エリザベス１世の治世（在位1558 − 1603）

メアリー１世は，子どもに恵まれなかったので，異母妹のエリザベス１世（アン・ブーリンの子）が，1558年に25歳で即位した。彼女は国内の宗教の分裂に収拾をつけるため「国王至上法」と「礼拝統一法」(1559)，さらに国教会の教義として信仰箇条　三十九条の信仰告白(1563)などを定め，多様な人々をイングランド教会のなかに取り込もうと努力した。しかし1567年にイングランドの王位継承権をもつスコットランド女王，メアリー・ステュアートが廃位に追い込まれてイングランドに亡命すると，イングランド北部の貴族が彼女を擁立してエリザベス打倒を図ろうと画策する。1586年にエリザベス暗殺計画が発覚し，メアリーの関与が明らかになるとイングランド議会はメアリーの処刑を決議し，当初は態度を決めかねていたエリザベスも1587年に渋々メアリーの処刑を認めた。メアリーはカトリック教徒であり，カトリック国であるスペインと友好関係があったので，これを受けて1588年，スペインの無敵艦隊がイングランドを攻撃した。１週間あまりの戦いの後，装備で劣っていたイングランド艦隊が英仏海峡で奇跡的に勝利したため，以後エリザベスは「海洋国家イングランド」を自己演出し強調するとともに，このエリザベスのイメージ作戦が，イングランド艦隊の強靭さを神格化した。

エリザベス１世は生涯独身で，慎重で疑り深い性格だったので，後継者問題に対して最後まで明確な指示を示さなかった。彼女が1603年に没したとき，王位継承権を持つ最有力候補者のスコットランド王，ジェイムズ６世がイングランド王ジェイムズ１世として即位した。彼はエリザベスが処刑したメアリー・ステュアートの一人息子であり，これ以後イングランドにおけるステュアート朝の幕開けとなる。彼はイングランド，スコットランドの同君連合の要となり，王権神授説に基づく専制政治を行う。セント・ジョージクロス(イングランド)とセント・アンドリュークロス(スコットランド)を重ね合わせたユニオン・フラッグを承認し，さらに共通通貨のユナイトも定めた。自らグレート・ブリテン王(King of Great Britain)を自称したジェイムズ１世の治世から，ステュアート朝はピューリタン革命，名誉革命を経て，アン女王(在位1707－1714)の治世まで継続する。

ステュアート朝最後のアン女王が没したとき，アンには成人した子がなかったので，王位継承法を議会で制定した。議会はドイツ，ハノーファー選帝侯ゲオルク・ルートヴィヒが国王になることを決定した。これによってステュアート朝は断絶した。国王の王位継承を世襲制から議会の決定に委ねたことに反対したステュアート家を支持する者たちによって，名誉革命で追放されたジェイムズ２世の王位奪還を目指すジャコバイト「（ジェイムズのラテン名Jacobs)の乱」が起きたが鎮圧された。以後，議会制民主主義が発達し，「君臨すれども統治せず」という状態が定着する。

文化面での中世のイギリスは，カトリック教会の典礼から始まった宗教劇が教会から劇場へ場所をかえ，キリストの一生を描いた聖史サイクル劇などが演じられたが，エリザベス１世の時代には独自の文化が花開いた。時の政治家や有力者の名をつけた一座がロンドンで立ち上げられ，1576年にシュアティッチに初の常設劇場が建ち，商業演劇が始まる。劇場は後にバンクサイドに移転してグローブ座(The Globe)となった。これ以後常設劇場は，ロンドンにおいて安定した産業となる。トマス・キッド(1558－94)，クリストファー・マーロウ(1564－93)などの劇作家が活躍し，大学出の作家(ユニヴァーシティ・ウィッツという)が文学的な作品を創作した。ウィリアム・シェイクスピア(1564－1616)はイギリス・ルネサンスを代表する人物だが，1594年ごろに「国王一座」に加わり，俳優と座付作家として，またグローブ座の株主として活躍した。喜劇・歴史劇・悲劇と数多くの作品を書き，代表作としては「夏の夜の夢」「マクベス」「ロミオとジュリエット」などがある。

(4) ピューリタン革命と名誉革命

ブリテンを統一したジェイムズ1世は，イングランドとスコットランドとの国制のギャップから，イングランドの法習慣を理解せずに国王大権をかざし，自分の権力は神によって付与されたものであるとする「王権神授説」を根拠に「主教なければ国王なし」を掲げて専制政治を行った。エリザベス1世の治世には，国家の行政権と国王大権の拡大が進んだが，それには財政的な裏付けが必要で，常に議会を経た課税や大憲章などで国民に犠牲を強いることを必要としてきた。独身だったエリザベス1世は不生産的な宮廷経費を極力削ることで議会との摩擦を退けていた。一方ジェイムズ1世は，家族の浪費によって宮廷経費は膨れ上がり，1625年に即位したチャールズ1世(在位1625－49)も父と同じように議会を無視する政策を行った。またチャールズ1世は議会ではなく，側近のバッキンガム公の意見を聞いて外国と開戦して負け，財政を悪化させた。この戦費調達のためにチャールズ1世は議会を開くが課税をめぐって議会と対立し，法学者エドワード・コーク(1552－1634)を中心に議会側は「権利の請願」をマグナ・カルタ以来のイングランド法であるコモン・ローの精神に基づいて起草し，王に提出した。王は不本意ながらこれを認めたが，以後も議会を無視して国王大権による強制国債や課税を行い，さらに議会の同意なしにスコットランドに主教制を強制し，長老教会制であるスコットランド内に激しい反発がおきると(主教戦争)，再び戦費調達のための議会を招集した。1642年，議会は「19箇条提案」を提出し事実上の議会主権を要求した。王は拒否し，ノッテンダムで挙兵して内戦となった。当初は王党派が優勢だったが，オリヴァー・クロムウェル(1599－1658)は軍改革を行い，熱心なピューリタンを招集して鉄騎兵(アイアンサイド)と呼ばれる軍隊を率いて勝利をあげた。正当な騎士軍をもつ王党派に比較して民兵組織しか持たなかった議会派が新軍を形成してネイズビーで勝利した。鉄騎兵には水平派[12]の平民の兵士たちが加わっていたが，彼らはジョン・リルバーン

12　下層民で平等を主張し，私有地を認めず，すべてを共有地だと解釈して農

(1615－57)の指導のもとにロンドンの手工業者や小商人層の支持を得ていた。彼ら水平派は，政治的，経済的自由を求めて人民主権に基づいた「人民協約」(1647)を軍の幹部に提出し共和国構想を主張した。

議会は国王と妥協し，勢力を広げようとする長老派と徹底抗戦を主張するピューリタンの独立派に分裂した。しかし国王派が1648年にプレストンの戦いで負けると内戦はすべて終結し，1648年，国王との徹底抗戦を主張した独立派が議会から長老会派を追放し独立派のみの残部議会で高等裁判所を設置，1649年チャールズ１世を「国家に対する公敵」という判決を下して公開処刑を行った。以後君主制と貴族院が廃止され，イングランド史上唯一の共和制の時代(1649－1660)となった。この時代のことをコモンウェルス(共和国)の時代という。現在のイギリス連邦のことをよくコモンウェルスと称するがそれとは意味が異なる。

ピューリタン革命は，国王処刑に至るまでは，独立派と水平派の協力体制で維持されていたが，国王の処刑が実行されクロムウェルが政権を取ると1647年に成立した水平派の「人民協約」は後退させられ，土地の共有などの社会主義的な改革を主張したディガーズは弾圧された。また，この時期ジョージ・フォックス(1624－91)によって一般にクエーカーと呼ばれるキリスト友会(フレンド派)が創始されたが，クロムウェルの理解にも拘わらず，危険分子として迫害され続けた。

クロムウェルは1649年に，国王軍と同盟関係にあったアイルランドに侵攻し，アイルランド同盟戦争に勝利する。アイルランドの人口のほとんどであるローマ・カトリック教徒に対して，刑罰法を議会で制定させ，その土地を没収し，アイルランドへ侵攻した新軍の兵士への報酬や軍資金を提供したロンドンの商人へ再分配したので，アイルランドの土地のほとんどがイングランド人の所有となり，アイルランドの植民地化が決定的になった。そしてこのクロムウェルのアイルランドの土地処分が，17世紀以降に激化するアイルランドのナショナリズム運動の源泉となる。その後の

耕を始めるのでディガーズ(Diggers: 穴掘り人)と呼ばれた。

アイルランドの悲惨な歴史は現在においてもアイルランドのイングランドに対する感情に影響を与えることになる。

1650年にクロムウェルはスコットランドへ侵攻を開始する。スコットランドはチャールズ１世の遺児であるチャールズ２世を擁護し徹底抗戦をするが，1651年ウースターの戦いで敗北し，チャールズ２世はフランスへ亡命したので共和国政府はスコットランド併合を宣言した。またクロムウェルは第一次英蘭戦争で，自国に有利な和平を結ぶと，スペインと植民地戦争を行い，ジャマイカと西インド諸島を奪取して奴隷貿易と植民地帝国主義建設の足掛かりをつくる。軍に推挙されたクロムウェルは護国卿という終身の役職につき，護国卿政権が発足し，急速に軍事独裁色を強めていった。1658年にクロムウェルが病死すると息子のリチャード・クロムウェルが護国卿につくが翌1659年に辞職。再び残部議会が招集され，翌年貴族院が復活，チャールズ２世がロンドンに帰還し，王政復古が実現した。

知識人の反応は様々で，医師で思想家のジョン・ロックはようやく平穏な生活に戻れるとして王政復古を支持し，詩人のジョン・ミルトンは再び専制政治への危惧を感じていた。チャールズ２世は帰国する前にオランダのブレダで絶対王政を復活させないことを宣言し，革命関係者への恩赦や信仰の自由を保証した。長期議会当時の諸改革を引き継ぐことを約束し，王政復古後の混乱を避けた。アイルランドとスコットランドには再び独立の議会を持つことを許したが，依然として従属的な関係は維持された。王党派中心の議会によって1661年に「クラレンドン法典」が制定され，非国教徒に対する差別が明記され，議会と国教会を中心とした王政復古体制が確立した。しかしこの時期，イングランド国内ではペストの大流行(1665)やロンドン大火(1666)がおこり，政情は不安だった。特にロンドン大火の犯人がカトリック教徒であるとの放火説がまことしやかに流布したことから，世情はそれまでの反オランダから再び反カトリックへと戻った。この反フランス，反カトリックの世情の流れは，議会において審査法を制定させ，国教徒以外を公職から厳しく追放した。実はチャールズ２世とその弟のヨーク公ジェイムズは，ピューリタン革命後フランスに共に亡命したが，彼らは敬虔なカトリック教徒だった。チャールズ２世は死ぬ間際にやっと自分の信仰を告白するほど用心深かった。しかし弟のジェイムズは審査法によって，カトリック教徒であることが世間に知られており，これを危惧した議会からジェイムズを王位継承者から排除する「王位継承者排除法案」が提出された。法案はわずかな差で廃案になったが，この時に法案に賛成して王権の制限と議会主導を訴える人々は「ホイッグ(Whig)」と呼ばれ，国王に服従を示して法案に反対した人々は「トーリー（Tory)」と呼ばれた。これがイギリス二大政党政治の萌芽である。

1685年敬虔なカトリック教徒のジェイムズ２世(在位1685－88)は即位し，1687年に国王は信仰自由宣言を出して，カトリック教徒にも公職につく道を与えるとともに，オックスフォード大学のカトリック化を図った。これに危機感を覚えたトーリー，ホイッグ両党の議会指導者たちは，一致協力してジェイムズ２世の王女メアリーの結婚相手であるオランダ総督，オレンジ公ウイリアム(オラニエ公ウィレム)に武力解放を求めた。1668年オレンジ公はイングランドへ上陸し，ジェームズ２世はフランスへ逃れた。議会は「権利宣言」を発表し，これに署名したウイリアム３世とメアリー２世が共同統治をすることになった。このウイリアムのイングランド上陸から共同統治までを「名誉革命」(Glorious Revolusion)という。これはほとんど血を流さず，議会の良識と妥協によって権力交代に成功したからである。『権利の宣言』は1689年『権利の章典』として立法化され，国王の専制支配や議会の同意なき課税を違法とし，議会主権論を説いた。これにより立憲君主制の原則が確立した。また「寛容法」が定められ，国王に忠誠を誓えばピューリタン系の非国教徒は宗教的罰則から除外されることが明記された。他国に先駆けて二つの革命を経験し，18世紀のイギリスは，経済的にも成長し，安定した社会を実現することになった。

イギリスではピューリタン革命を単なる内戦として，比較的小さくとらえる場合も多いが，文化的には大きな転換期だった。ピューリタンが主役となるこの時代には娯楽や演劇などが禁止され，文化的な華やかさがないと思われがちだが，この混乱期に英文学の巨人，ジョン・ミルトン(1608

－74)が登場する。ミルトンは革命期に共和制政府のラテン語の秘書官として働きながら，言論出版の自由を主張した『アレオパジティカ』(1644)などの政治的，宗教的パンフレットを執筆し，視力を失った後半生には，長編叙事詩『失楽園』(1667)を出版し，天地創造からはじまるキリスト教の世界観を描き，その中でイギリス的な個人主義の新たな倫理を探求する新しい文学のはじまりを築いた。イギリスでは17世紀初頭にジェイムズ１世の王命をうけて，英訳聖書，欽定訳聖書(1611)が出版されたが，ラテン語がわからない人々に聖書を読むことを可能にし，聖書の簡潔な文体が散文文学に大きな影響を与えた。

王政復古期には欲望や偽善にまみれる人々の風刺劇である「風習喜劇」が劇場で演じられた。王党派讃美の喜劇を書いて活躍したアフラ・ベーン(Aphra Behn: 1640－88)はイギリス文学史上初の職業女性作家で，奴隷問題を扱った散文ロマンス『オルーノコ』(1688)は小説の前身とされる。

３．　イギリス人らしさの形成

(1) イギリス人の論理

アントニー・グリンは『イギリス人―その生活と国民性』(正樹恒夫訳，研究社出版)のなかで，イギリス人の国民性のひとつとしてフェア・プレイをあげ，次のように述べている。「競馬で有名なアスコットあたりにある，授業料の高いきれいな寄宿学校から，大都会の公立の小学校まで，これだけはどこへ行っても変わらない。『フェアでない。不公平だ』。教室に，廊下に，運動場に，グラウンドに，この言葉がこだまする。……フェア・プレイの精神は，何ごとにもルールがあるはずだという，ブリテン人の根本的な考え方に根ざしている。誰かがどこかでこのルールを犯したり，無視したりすると『フェアでないぞ』という叫び声が上がる」グリンによると，イギリス人は，その場その場のルールは誰もが守るべきものと考える。このルールを都合のよいように変えることは，権力者といえども許されないのである。王権神授説[13]でさえも，王に不正を許すものではなかった。

イギリスの政治，経済，文化をリードしてきたのは，ジェントルマンたちである。ジェントルマン（紳士）とは，いわゆるエリート階級のことで，「肉体労働せずとも，生活が可能で，礼儀正しく，身だしなみがよく，教養があって徳がある人」と一般的に定義される。そしてその根幹を形成しているのがフェア・プレイ（fair play）の精神である。イギリスでは近代にいたるまで中世の封建制度のもとで成立した地主階級（貴族，ジェントリ）[14]が残存し，さらに19世紀以降，資本主義体制の下で台頭した中産階級（資本家，工場主，商人，銀行家など）や労働者階級と共存していた。19世紀に入ると地主階級と資本家階級（いわゆるブルジョア階級）と労働者階級によって社会が構成されるようになる。

19世紀のイギリスの工業化と資本主義経済の担い手だった中産階級は，

13　王権神授説とは，王権は神から国王に付与されたものであり，国王は神のみに責任を持つという考え方である。これは封建時代のキリスト教国家の中で，国王の絶対的な統治権を根拠づけるものとして政治的な常識とされていた。

王権神授説は，国王の統治をキリスト教と矛盾せずに論証する理論である。このような仮説的な統治論を科学的に解明したのがフランシス・ベイコンである。ベイコンは帰納法という実証（現実に証明できること）に基づく論証方法を用いて，観察と経験そして実験の結果に基づく科学性を論拠としてキリスト教的な王権神授説を否定した。帰納法による結果は「あるかもしれないし，ないかもしれない」という蓋然性にもとづくものではあるが，例証が多ければ多いほど真理である確率が高くなるというのが，ベイコンが帰納法を選択する理由である。

14　イギリスにおける貴族とはノルマンの宮廷貴族や，その他多大の功績によって国王から封土を受けた者のことであり，貴族には世襲貴族と一代限りの非世襲貴族がある。それは公爵（Duke），侯爵（Marquess），伯爵（Earl），子爵（Viscount），男爵（Baron）の５等級から成る。一方でジェントリとは，爵位を持たない地主の総称であり，上流階級の最下層に位置し，地主貴族層などと称される。中産階級は上からアッパー・ミドル，ミドル・ミドル，ローワー・ミドルと３つに区別されるが，アッパー・ミドルたちは一番身近なジェントリに習うようになった。

オックスフォード　ハリス・マンチェスター大学

ブレナム宮殿（チャーチルの生家）

最下層の支配階級のジェントリの理念を肯定し，自らもジェントリ(地主貴族)のようなジェントルマン(エリート階級)になりたいと切望するようになった。イギリス人はフランス人のように支配階級を革命によって打倒しようとは思わず，ジェントルマン精神が社会の支配的な価値基準になったことが，フェア・プレイに代表される道徳的な気質を形成したといえる。中産階級の一部はジェントルマンの生活を模倣するようになったが，そうした模倣行為はスノバリ(snobbery, 紳士気取り)として軽蔑の対象となることがあった。それでも彼らは自分の子どもたちにジェントルマンの教育を受けさせようと背伸びをしてパブリック・スクールに入れることを切望した。

パブリック・スクールは私立学校である。公立という意味ではなく，公共性を身に着けるという意味で「パブリック・スクール」という寄宿学校が設立された。公共性を重んじるジェントルマンの教育はパブリック・スクールに寄宿し，集団生活をする中で形成されてきたといえる。パブリック・スクールは学業だけでなく，道徳や公共性を身に着けたエリートの育成を目指す上流階級の家庭の子弟(現在一部のパブリック・スクールは共学)には，「名門校」イートン(Eton)，ハロー（Harrow)，ラグビー（Rugby)，ウエストミンスター（Westminster)，ウィンチェスター(Winchester)，といった９つのパブリック・スクールがあり，そこからオックスフォード大学やケンブリッジ大学(両大学を合わせてオックス・

ブリッジという）にすすむのが伝統的なコースだ。その伝統は現在でも脈々と受け継がれている。パブリック・スクールは階級意識と切り離せない教育機関ではあるが，イギリスにおいては今日でも政治家をはじめとして社会的地位が高い成功者を育てるエリート機関であり，イギリスの論理である公共性「フェア・プレイ」を学ぶ場所でもある。

(2) イギリスの思想―社会契約説からフェミニズムの形成まで

ベンサム

ジェレミー・ベンサム（Jeremy Bentham: 1748－1832）は『道徳及び立法の諸原理序説』（1789）において，「自然は人類を苦痛と快楽という二人の主権者の支配のもとにおいてきた」と述べて，人間はすべて快楽と苦痛の支配のもとにあり，誰でも苦痛を避け，快楽を求める意味では皆同じであると主張した。こうした快楽主義的なベンサムの人間観は功利主義やベンサム主義とよばれ，ベンサム自身よりも，ベンサム主義に賛同したジェイムズ・ミル（James Mill: 1773－1836）などの哲学的急進派の人々がベンサムの主張する「最大多数の最大幸福」（最大幸福原理the greatest happiness of the greatest numbers）というスローガンをかかげてイギリスの政治思想として普及させたものである。この考え方は人間に対する生体的（有機体的）な意味での平等観が根底にある。こうした平等観は1832年の第一次選挙法改正の成立に貢献することにもなった。また能率・節約・一律というベンサムの原理に従って1834年に改正された救貧法では，労働能力のある貧民は，救貧院へ送り，再教育されることが推奨された。人間を基本的に同質の存在として考え，訓練や教育によってその能力や人間性を高めて，発展した社会を形成するというベンサム主義（19世紀イギリスの功利主義）は工場法，救貧政策，公衆衛生などの面で貢献し，1808年から50年以上にわたってイギリス社会に大きな影響をもたらした。ベンサムは，『統治法断片』（1776）の中で「正・不正の基準は最大多数の最大幸福」という基本公理を

提示し，これこそ道徳界を革新する原理であると主張した。この最大幸福原理とは，従来の政治的腐敗を内包した統治原理を革新する意図がある。ベンサムの理論では最大幸福原理は個人の集合によるものと考えられているので，女性の参政権はベンサムによれば容認されるべきものだ。ただし女性参政権は当時の常識では考えられないものであり，ベンサムは選挙権の条件を一定の租税支払いの制限付きで論じている。

(3) 議会制民主主義の発展とリベラル・フェミニズム

ジェイムズ・ミル

ジェイムズ・ミル(James Mill: 1773 – 1836)は，ベンサムのスポークスマン(報道官)として，哲学的急進主義[15]に基づいてベンサム主義(功利主義)の普及をはかった。彼は『英領インド史』(1817)を書いた歴史家であり，東インド会社の重役，経済学者で思想家でもあった。彼の「統治論」(1820)には「すべての人間の運命は，その人の苦痛と快楽によって決定される」という快楽主義の人間観にもとづき，政府がなすべきことは，快楽をできるだけ増大させ，苦痛をできるだけ減少させることだと述べて，政府の目的を功利主義に求めている。そしてイギリスの国制は，代議制が望ましいと主張する。彼は議会と選挙制度について検討し，「ある人々の利益が他の人々の利益に含まれる場合，前者を除外するのは不都合ではない」として，子どもの利益は両親のなかに，女性の利益は父，または夫の利益の中に含まれると判断し，女性には参政権は不要だと主張した。これはベンサムの平等主義を政治的に応用した彼の独自の判断であり，ベンサムとの大きな違いでもある。

女性の参政権についての同時代人の意見として，これと正反対なのは，ウィリアム・トンプスン(1785 – 1833)である。彼はベンサムの功利主義

15　ベンサム主義の「最大幸福原理」を政治的に拡大して議会制民主主義を強く主張する思想

を学んだが，その一方で社会主義の影響をうけ，協同組合によって結婚制度の改革と，女性の解放を実現しようとした。トンプスンはジェイムズ・ミルの考えに対して『人類の半数である女性の訴え』(1825)のなかで，はたして男性と女性との間で利益の一致は存在するのかと問いかける。仮に女性の利益が男性の利益に含まれるとしても，そのことが女性から政治的権利を剥奪する理由となるだろうか，と女性参政権は必要ないという考えに対して反論した。トンプスンは，政治的権利以外に，幸福の平等な享受があるかといえば，それはあり得ないと述べ，男女が平等な立場になるためには，等しい政治的権利を持つことが絶対的に必要だと主張している。

J. S. ミル

ジェイムズ・ミルは長男のジョン・スチュアート・ミル(John Stuart Mill: 1806 － 1873)を功利主義に基づく英才教育[16]によって育て，自分の後継者としたが，その女性参政権に対する考え方は全く異なっている。ジョン・スチュアート・ミル(J. S. ミルと表記)は，『ミル自伝』の中で，前述のように父のジェイムズ・ミルが，女性が選挙権から排除されても父や夫の利益に含まれるから問題はないと述べたことに対して大きな誤りであると述べている。やがて息子のミルは，英才教育を父から受けた後にフランスに留学し，大陸の語学と文化を習得し，16歳で文壇にデヴューする。政治的には父と同じ功利主義思想による社会改革をめざす哲学的急進派に属しているが，父の仕事を継承しながらも，その思想や業績は異なるものがある。『論理学体系』(1843)を出版して著名人となり，19世紀の繁栄期ヴィクトリア時代のオピニオン・リーダーとして多くの影響を与える一方で，

16　功利主義は最大多数原理を主張するが，最大多数は優れた人間性を持つ人々であれば社会的な公益性も高くなる。イギリス経験論の系譜を引く功利主義は早期の知的教育による性格形成を推奨した。J. S. ミルは幼少期より父の下で同年齢の子どもとの交流をたち，知識中心に教育を受け，3歳でギリシャ語，ラテン語などを習得した(『ミル自伝』岩波文庫 1960)。

典型的な古典派経済学者(主流派の経済学者)であり，彼の『経済学原理』は7版まで出版され，労働者階級が読めるような廉価版も出版された。彼は父と同じ東インド会社に勤め審査部長まで出世したが，インドで反乱が発生し[17]，インド直轄統治を求め東インド会社の解散を主張する議会において，その対応を議会において余儀なくされ，今までインド統治を代行してきた東インド会社の解散が決定されると会社を辞職した。しかしミルは1865年の選挙で下院議員となり，1867年の第二次選挙法改正で原案にあるman(マン)をperson(パースン)にかえる議案を提出した。これは「パースン」にかえることで女性参政権の成立への道筋をつけようとしたものだった。この修正案は賛成73反対196で否決されたが，イギリス議会史上初めての女性参政権の提案として画期的な意義を持っていた。その後イギリスの男女平等の普通選挙権への道のりは長く遅々として進まず，1928年にやっと男女の普通選挙法が成立した。ミルは父と異なり，女性たちが結婚してもしなくても，一人の人間として主体性を持って生きるためには，法的な権利が確保される必要性があると主張した。特に結婚した女性に財産権がなく，女性たちが徐々に職業をもつ時代であるのに，その法的な整備や教育の改良が不十分であることを主張し，その改良が必要であることを主張している。

晩年のJ. Sミルは義理の娘のヘレン・テイラーがかかわった女性参政権の全国組織の立ち上げに助力し，一方で女子の経済学教育の重要性を認識し，ケンブリッジ大学初の女子カレッジ，ガートン・カレッジの女子学生の試験問題を作成するなど女子の高等教育(現在の大学教育)に尽力した[18]。彼が1869年に出版した『女性の隷従』は，先の1867年の選挙法改正

17　セポイの乱(1857－8)インド大反乱とも言われる。ムガル帝国の崩壊と英領インドを決定づける「インド統治法」(1858)がイギリス議会で制定されてインドはイギリスの直轄統治領となる。それまではムガル帝国下におけるイギリスを代表する東インド会社の実質的な統治だった。

18　ケンブリッジ，ガートン・カレッジは，後に女性経済学者のノーベル経済学賞候補者ジョーン・ロビンソン(Joan Violet Robinson1903－1983)を輩出する。彼女はガートン・カレッジで歴史学から経済学に転向している。

でミルの改正案が否決された後，女性たちが中心となって女性参政権の全国組織をやっと形成したその年に，10年以上温めていたものを出版したものである。ミルはこの著書の中で，なぜ女性たちに選挙権が必要なのか，現在の両性間の社会的関係を規制している原理がいかに不正であるか，また不正であるだけでなく，社会的な進歩の障害にもなることを，功利主義哲学を基礎として理論的に説明し，女性に対する現状を平等の原理によって改めなければならないことを論じている。この点においてミルは女性参政権の獲得を社会改良思想の基礎に位置づけており，これによって男女平等の必要性が社会的根拠として明らかになる。ミルが女性参政権運動を推進する意義や根拠を人間の自由の論理で説明したことから，この時代のフェミニズム思想を現代ではリベラル・フェミニズムとよんでいる。

J. Sミルの『女性の隷従』は18世紀のメアリ・ウルストンクラフトの『女性の権利の擁護』[19]とならぶ，フェミニズムの古典と言われる。このように女性たちが男性に服従することが，慣習的に当たり前だった時代に，それが誤りであることを理路整然と論じたことは，当時社会的な批判を浴びがちな女性たちの参政権運動に正当性を与えるものとなった。こうしてミルの『女性の隷従』は女性参政権運動に「大義(cause)」を授け，初期の女性参政権運動に従事する女性たちを励まし，社会的な偏見に対抗しうる論理を与えた。その後女性参政権運動は，何度も政治的に翻弄されながらも獲得への道筋をたどることになる。

(4)　パックス・ブリタニカ

1707年にスコットランド議会が合併法を批准し「グレート・ブリテン連合王国」が誕生した。さらにスペイン継承戦争の成果としてイギリスはニュー・ファンドランドをはじめとした植民地を手に入れた。1714年に

19　メアリ・ウルストンクラフト(Mary Wollstonecraft：1759－1797)『女性の権利の擁護』(1792)。女子教育の重要性と男女の平等を訴えた。女性と男性が協力し合うことが重要だが，それには女性に知識が必要であることを主張した。フェミニズムの古典と言われている。

アン女王が没すると「権利の章典」で定められたジェイムズ1世の孫娘ソフィアの息子，ハノーヴァー選帝侯ジョージが連合王国の王，ジョージ1世として即位した。ドイツ系の王朝であるハノーヴァー朝の創始である。ジョージ1世は英語が話せず，議会にはほとんど出席せずにホイッグの有力官僚に国政を委任した。1720年にバブル経済の語源になったといわれる「南海泡沫事件」がおきると，収拾にあたったのがロバート・ウォルポール(1676－1745)だった。

南海泡沫事件の風刺画

W.ホガーズ作1721年

1711年にトーリーの大蔵卿がイングランド国債の一部を引き受けさせて創設した奴隷貿易の特権会社，南海会社の事件で，株の大暴落を引き起こした史上初の金融恐慌だった。ウォルポールは事件の収拾をはかると，政治家として名をあげ，1721年に第一大蔵卿につき財政改革を行った。彼はトーリーを排斥して強固なホィッグ政権を築いた，事実上初の首相と言われているが，このことは近代的な責任内閣制と商業国家としての基盤をゆるぎないものにした。

ウォルポールは戦争回避の政策を行ったが，1739年に植民地の権益をめぐってスペインと開戦し，1740年オーストリア継承戦争へと続く。この政情不安から，スコットランドではジャコバイトの乱が再燃した。厳しい粛清によって1746年に鎮圧されるが，アメリカやインドなどの植民地紛争は跡を絶たず，英仏７年戦争（1756）へと突入する。ウォルポールに代わりウィリアム・ピット（大ピット1708－1778）が1757年から61年まで連立内閣を率いて英仏７年戦争を戦った。イギリスはインドのベンガルを手に入れ，1759年には西インド諸島のマルティニク，ガドループ，カナダのケベックなどを手に入れた。しかしイギリス生まれでイギリスの国益を重視したジョージ３世（1738－1820）は，こうした拡張路線のホィッグではなく，トーリーの調和路線を尊重した。1763年にパリ条約が結ばれ，アメリカ，カナダ，インドなどをすべて勢力下に収めることに成功し，イギリスは大西洋を挟んだ植民地を有した。

ジョージ３世の治世は，商業，金融や国民の暮らしに大きな変化がみられた。英仏７年戦争のために国債が大量に発行され，財政は厳しかったが，ロンドンには，当時の金融都市アムステルダムからの民間資金が流入し，イギリス軍や国家財政が利益を得た。獲得した植民地は植民地貿易を飛躍的に拡大し，イギリスの経済発展を力強く支えた。当時のイギリスの貿易は「三角貿易」といわれ，西アフリカへ綿布，日用雑貨を運び，西インド諸島へ労働力として奴隷を運び，西インド諸島で奴隷をおろした後に，現地のプランテーションで栽培された砂糖，たばこや綿花など積んで本国へ戻った。植民地貿易によってリヴァプールなどの港が貿易港として栄え，マンチェスターなどの産業都市へ物資を運搬する交通網が発達した。イギリスの植民地貿易の利益は「産業革命」と称される国内の飛躍的な産業化と植民地の英国化を支え，植民地からもたらされた砂糖や茶などの産物はイギリス人の日常生活へ浸透していった。しかし国債乱発による国家の借金の補填のために，北米植民地に高い関税や課税負担を行ったことが北米植民地に強い反発を生み，1773年，東インド会社が積んでいた茶が，課税への抗議行動としてボストン港へ投げ込まれる「ボストン茶会事件」がおきると合衆国の独立派とイギリスとの対立は深まり，1775年に独立戦争が勃発する。独立派は，1776年に独立宣言を出してフランスと同盟を結びスペインもこれに参戦する。事態が国際紛争に発展したため，イギリスは1783年のパリ条約で北米13州の独立を認めた。アメリカ独立戦争の衝撃は大きく，その影響を受けて，ヨーロッパではフランス革命(1789)が勃発した。アメリカの独立はイギリスの議会政治にも影響を与えた。急進派のホィッグのエドマンド・バーク(1729－97)が『フランス革命についての省察』(1790)を書いて保守的な意見を主張するとホィッグの内部で分裂がおき，一部トーリーへ移動し，政界再編が行われた。これによって「保守主義」「自由主義」の二大勢力が明確になると，以後議会では二大政党制が定着する。またアイルランドもフランス革命の影響を受けて独立運動が高まり，それを危惧したイギリス議会がアイルランド合同法(1801)を成立させて「グレートブリテン及びアイルランド連合王国」が誕生した。

この時代の文化は科学主義的な雰囲気が強く，18世紀前半のアン王女の時代は「オーガスタン時代」と呼ばれ，独特な新古典主義の文化が生まれる。18世紀の市民社会が掲げた「理性」重視が文学的に発展し，そこから散文の発達，英語を論理的，科学的に改良しようとする英語改革思想がうまれ，『英語辞典』がサミュエル・ジョンソン(1709－84)によって編纂された。ジョンソンは「文化クラブ」を主宰し，観察・記録の重視という経験的な手法を取り入れて，情報の記録と伝達である雑誌を刊行し，小説という新しいジャンルを切り開く。これは「ジャーナリズム」の勃興でもあった。当時の定期刊行物は客観的報道を目指すのではなく，政治・経済・流行・文学というような様々なテーマについて読者を啓蒙する道徳的な読み物であり，貴族社会に限られていたものだった。それが近代市民社会の到来と共に「リーディング・パブリック」として拡張され，印刷，出版文化として産業革命直前の18世紀のイギリスで大衆文化として開花した。しかしこうした啓蒙や理性に対抗するのがロマン主義である。ロマン主義文学が台頭するのもこの時代である。ウィリアム・ワーズワースとサミュエル・テイラー・コールリッジは『叙情民謡詩集』(1798)を出版したが，これは新古典主義とは正反対の「自然」や「子ども」という今までになかったテーマを扱っている。そこには理性という人為の強調ではなく，自然とその神秘性を重視する「反動」の側面があった。

(5) 二つの国民とフェミニズム運動の勃興

19世紀にかけてのイギリスは経済発展の真っ只中にあり，市場経済の発達と資本主義経済が円熟期に達する時期でもあった。イングランドには15世紀ごろからヨーマンと言われる独立自営農民が多く住み，地主であるジェントリとともに，社会の中核を担う存在だった。しかし産業化のなかで農業社会から工業社会への転換によって多くのヨーマンは都市の労働力となっていった。女性たちも市場経済に巻き込まれていった。夫の仕事を手伝うだけの生活から，都市で賃金を得るために働くようになった。その一方で中産階級より上の階層の淑女たちは，産業化とともに生活の豊かさを享受できるようになり，豊かさの象徴として労働やビジネスから遠ざかり，家庭や社交の場を中心とした非市場社会で「家庭の天使」としての優雅さを享受することを期待された。

土壌の質が悪く農業に向かないイングランド北西部にマンチェスターやバーミンガムという新産業都市が出現し，貿易港のあるリヴァプールからほど近いこの地域にインドの特産品だった綿織物の工業地域が生まれた。機械による大量生産と貿易港からの豊富な物資の輸入と工業地域で生まれた多くの製品を世界中の植民地に輸出したことが産業革命を促進した。インド木綿はカルカッタがなまってイギリスでは「キャラコ」と呼ばれ大流行した。それまでの羊毛製品はインドキャラコのような鮮やかなプリントができなかったので，衣服にデザインをしようと思えば織り込むか刺繍しかなかった。当時のイギリスではキャラコのように布地に印刷することは画期的なことだったのでキャラコは瞬く間にイギリス社会に浸透した。しかしインドキャラコの輸入で羊毛製品が売れなくなったため，羊毛産業が議会に圧力をかけてキャラコの輸入禁止が決まると，今度はマンチェスターを中心に国内でキャラコの大量生産がはじまった。「ローラー・プリント」という輪転機を使って大衆向けの布地がデザインされ製造された。

今日イギリス的なものとして有名な「リバティ・プリント」などが考案されて衣服だけでなく室内装飾にも使われた。こうしてキャラコは東インド会社がインドの綿花を安く買い取り，イングランドの機械制大工業で製造し，逆にインドに売ったので，インドの家内制の綿織物産業は壊滅し，インドでは貧困が蔓延し，インド独立運動(セポイの乱: ウルドゥー語シパージー（インド人傭兵)の原因の一つとなった。

モスリン（mousseline 仏語）のドレス 19 世紀平織の綿織物

このようなグローバルな自由貿易は技術革新に支えられていた。1785年にリチャード・アークライト(1732 – 1792)の水力紡績機が普及すると，次にジェームズ・ワット(1736 – 1819)が発明した蒸気機関が巨大な織機に敷設され，一大紡績産業となった。鉄と石炭によるエネルギー革命は工業化の起爆剤となり，1709年にクエーカー教徒のエイブラハム・ダービー（父)が発明したコークス(石炭を固形燃料化したもの)と，その息子が開発した製鉄法は，それまで木炭や木材に依存していた産業構造を飛躍的に変化させた。物資や人の移動は交通インフラを整備させ，1830年にコークスを燃料に，ワットの蒸気機関で走る鉄道がマンチェスターとリヴァプール間を結ぶと，やがて鉄道網は一気にイギリス全土に拡大し，19世紀後半には運河や荷馬車に代わり鉄道が主要な交通機関となった。この時期のイギリスは世界の先進大国であり，資本主義経済の円熟期をむかえていた。

ハリエット・マーティノゥ

19世紀に活躍したジャーナリストのハリエット・マーティノゥ（1802 – 1876)は,「女性の勤労」

(1859)の中で，こうした産業と技術の発展が労働を容易にしたことで，女性たちが家庭から市場社会に駆り出されたことを次のように書いた。

「鉄道は馬の労働のもっとも苦役である馬車を壊滅させた。生活の術の改良が，生活の状態を高め，多くの使用人の骨折りを和らげた。対して連合王国の女性たちはパラダイスから労働生活の前に連れださされ，予想以上にすみやかに，かつての男性労働者のようになっている。」('Female Industry', *Edinburgh Review*, 1859, 294)

マーティノゥは農村生活では，女性たちは夫の仕事を手伝う存在だったが，現在は労働者として働く夫と同様に，女性が工場で働くことが当たり前になったという。女性は力が弱く，夫に従属する労働力だったが，現在は技術力が進歩して男性と同一労働をすることができるからだと主張した。マーティノゥは影の貢献をしてきたあらゆる階層の女性たちの勤労を，いまや正当に活用することが国家の利益だと述べている。自由主義経済が続く限り女性たちの職業参画がますます拡大されるのだから，働く女性の待遇や所得の正当な社会的評価が必要だと主張している。マーティノゥが指摘したように19世紀の産業化が女性たちの生き方に及ぼした影響は大きく，多くの女性たちも勤労に励むようになり，今まで女性たちには認められていなかった財産権を主張するようになった。やがてそれが女性参政権運動へ移行する。

1820年代までにイギリスの自由主義的な改革はどんどん進み，審査法の廃止(1828)や奴隷制廃止(1807)，カトリック教徒解放法(1829)などが次々と実現した。産業資本家層が社会的に力を持ち，ジェントルマンが支配層を形成して議会改革も行われた。中産階級が台頭し1832年には第１回選挙法改正によって腐敗選挙区(極端に人口が少なく不当な形で投票が行われやすい選挙区)の廃止と，都市選挙区の10ポンド以上の家屋を所有ないし賃貸するもの，つまり都市の産業資本家層に選挙権が付与された。

審査法反対運動に対する風刺画（1790）

「狂信」の樽の中から自然哲学者で異端派の神学者ジョセフ・プリーストリーが説教をしている。教会のボックス席に座る目前の国会議員チャールズ・ジェイムズ・フォックスに「悪魔か？」と聞かれ「違う」と言っている。しかしその後に本当の悪魔がいる。

ロッチデール近郊の綿織物工業の動力織機

世界初の耐火性倉庫を有するリヴァプール市のアルバート・ドッグ

世界遺産

1837年にヴィクトリア女王(在位：1837－1901)が即位した。それは63年7ヵ月におよぶ「ヴィクトリア朝」とよばれるヴィクトリア女王の治世のはじまりだった。ヴィクトリア女王は1840年にアルバート公を夫に迎えるとその家庭像がヴィクトリア時代の理想像として国民に受け入れられた。ふたりは9人の子どもたちに恵まれ，家庭を大切にし，仲の良い女王とアルバート公は国民に親しまれた。ヴィクトリア女王は議会の意向をくんだ統治を行い，現代の王室の原型を作り出した。アルバート公が総裁

ヴィクトリア女王一家と９人の子どもたち

を務めた1851年の５月１日から10月15日までロンドンのハイドパークで開催された第１回ロンドン万国博覧会は，大盛況で入場者数は600万人を超えた。万博の象徴はジョーゼフ・パクストン設計のクリスタル・パレス（水晶宮）で，長さ1848フィート（約563メートル），幅408フィート（約124メートル），高さ108フィート（約33メートル）という巨大なガラス張りの建物だった。この万博は大英帝国の繁栄と科学技術の進歩を誇示した祭典だった。万国博覧会はイギリス国民に文化的な興味を与え，1855年のスタンプ税廃止を契機として，多くの雑誌が刊行されたことも刺激となって，大衆文化の時代を迎える。ヴィクトリア時代には，中産階級の娯楽である小説の需要が高まり，読者である中産階級の生活がリアルに描かれることが好まれた。こうしたリアリズム小説はジェイン・オースティン（1775－1817）の代表作『高慢と偏見』などに見られる階級社会へ向けられた洞察であり，ブロンテ姉妹（シャーロット・ブロンテ，エミリー・ブロンテ）の『ジェイン・エア』や『嵐が丘』に象徴される。

1840年代のイギリスは，アヘン戦争に勝利し，香港割譲を果たし，自由貿易帝国主義が最盛期を迎える一方で，国内では資本主義経済の発展にともなってひどい所得の格差がうまれ，人々の暮らしが光と影にくっきりと分かれる時代でもあった。

1845年の異常気象により，アイルランドではジャガイモ飢饉によって100万人が餓死した。保守党のピール内閣は1846年に穀物法を廃止して安い穀物が輸入できるようにしたが，地主階級に批判され退陣を余儀なくされた。工場でも新機械の導入で失業者が増加し機械を壊す暴動が跡を絶たなかった。1848年にフランスとドイツで相次いで革命がおきるとイギリスでもそれに刺激されて労働者階級を中心としたチャーチスト運動がおきる。しかしイギリスでは市場経済重視の雰囲気から社会混乱が生じるような運動はすぐに抑えられた。このような経済発展の中で貧困は増々増加し，こうした1840年代を「飢餓の時代」とよぶようになった。1834年に救貧法の改正が行われ，その救貧の条件として，労働者の勤労意欲を失わせないための労働者の最低所得以下の処遇である「劣等処遇」が救貧院での院内救済に厳しく義務づけられた。たとえ貧者であっても救貧に施しを受けることを期待できないため，あえて救貧院に行くことを望まないで極貧の生活をする放浪の人々や浮浪児があふれ，社会的な治安も悪い厳しい時代となった。

小説家でピールの後の首相となったベンジャミン・ディズレリー(Benjamin Disraeli: 1804 − 81)は『シビルあるいは二つの国民』の中で，労働者階級と中産階級以上の人々について，両者の間にはなんの交流もないと述べて光と影に生きる二つの国民を表現した。フリードリッヒ・エンゲルス(Friedrich Engels1820 − 1885)は，工業化の進展が間違いなく労働者の窮乏化をもたらしているとのべて暗い未来に警告を発した。産業社会の物質主義に対する批判を含んだチャールズ・ディケンズ(Charles Dickens: 1812 − 70)の小説は，『オリヴァー・ツイスト』(1837 − 8)や『荒涼館』(1852 − 3)におけるジョーのような社会のひずみにおかれる子どもたちを描きつつ，産業主義の思想である功利主義を批判した。

光と影は家庭の浮き沈みに左右される中産階級の独身女性たちにも生じた。事業に成功した家庭の女性たちはブルジョアとして暮らしたが，失敗した家庭の女性たちは家計を助けるために住み込みの家庭教師(ガヴァネス)になるか，針仕事をして自活した。夢であった結婚をあきらめ，自分が受けたピアノやダンス，外国語といった社交のための教育を生業とした。あまりに多くのガヴァネス志願者が増えたので，ガヴァネスの給料は値下がりし，ガヴァネスの質が落ちたので，きちんとした女子教育の必要性が求められた。多くの上流，中流階級の妻たちは，博愛主義運動に参加し，貧民救済，刑法改革，慈善学校，慈善病院の設立，奴隷解放運動などの社会運動に関心をもった。こうした女性たちを代表する作家ハナ・モア(Hannah More: 1745 – 1823)は『現代女子教育制度批判』(1799)の中で社会的不平等を神の意思として是認しながらも，どんな差別があろうとも神の前では男女は平等であると主張した。そして女性教育の中心は宗教にあるべきだとし，福音主義による女性教育を主張した。福音主義とは広義には国教会内部の福音派からウェスリー派(ジョン・ウェスリー：John Wesleyによって設立)によって主宰された非国教徒諸派にいたるプロテスタンティズムの全領域を包含するもので1790年から1830年にかけてイギリス社会にひろがったものだ。ブルジョアの女性たちにとっては，職業を持つための教育は考慮外のことであり，こうした慈善運動はリスペクタビリティ（respectability)の一部として，家庭の天使である妻のつとめとされた。男性は公領域で仕事をし，女性は家庭の管理をして家族に宗教的な倫理観と団欒や安らぎを与える高貴な存在であるというヴィクトリア時代の「常識」とそれを守るジェントルマンの教養と理念が，家父長制社会の規範や慣習として存在した。

この時期，リスペクタビリティの規範としてあげられるのがサムュエル・スマイルズ(1812 – 1904)の『自助論』(1859)である。勤勉，努力，忍耐，修養，人格などに価値を認め「自助」の精神の重要性を強調している。

ヴァージニア・ウルフ(Virginia Woolf: 1882 – 1941)はエッセー（抜粋した邦訳『女性にとっての職業』みすず書房，1994)の中でケンブリッジ大学のガートン・カレッジを設立したエミリー・ディヴィス(1830 – 1921)について書いている。

「19世紀の初頭まで，著名な女性といえばほぼ例外なく貴族階級の女性だった。支配力をもち，手紙を書き，政治の成り行きに影響を及ぼしたのは，上流の貴婦人だった。膨大な中産階級の中から著名な女性が出現することはごくまれだったし，中産階級の女性の単調な生活が，上流階級の壮麗さや貧しい人々の窮状に注がれるような関心を集めることもなかった。19世紀の前半になっても，中産階級の女性たちは，相変わらず世間から注目されない単調な人生の中で，生活を営み，結婚し，子どもを産む膨大な集団だったが，とうとう私たちは彼女たちの状況そのものに何かあるのではないかと思い始めた――結婚の年齢，出産した子どもの数，プライバシーの欠如，無収入，彼女たちを押さえつけた社会慣習，教育の機会を与えられなかったこと――こうした状況が大きく影響したために中産階級は多くの著名な男性たちを輩出する源であっても，そのような男性たちに匹敵する女性たちをごくわずかしか世に送り出してはこなかった」。

ミス・エミリー・デイヴィス（Emily Davies: 1830 – 1921）が受けた教育は当時の牧師の娘に与えられた子女教育程度のものだった。牧師の父の収入は少ないので，家で読み書きをし，自分でできる限りのことをして知識を身に着けた。兄たちはケンブリッジ大学に進んだが，彼女は家にとどまった。中産階級の女性はウルフによれば，暇なようでいて中断され，自分自身の自由な時間もお金もない，落ち着かない状態で，宗教に慰めと仕事を見出さざるを得ないか，あるいはミス・ナイチンゲール（Florence Nightingale: 1820 – 1910）が指摘しているように「たえず白昼夢に浸る」状態に陥ったという。しかしバーバラ・リー・スミス・ボディション（Barbara Leigh Smith Bodichon1827 – 1891）の父，国会議員だったベンジャミン・リー・スミスは娘のバーバラに息子たちと同額の手当てを与えた。議会活動で奴隷解放運動を組織するこうした父の影響を受けて，バーバラも偏見のない共学の進歩的な幼児教室をはじめた。

資本家の娘，ミス・エリザベス・ギャレット（Elizabeth Garett Anderson: 1836 – 1917）は，女性たちのための医師になろうとしたが，医師免許に必要な大学卒業の資格が取れずに苦労していた。大学という高等教育機関に女性の入学が許可されなかったからである。

このような中産階級の若い女性たちが集まり出版業に乗り出した。19世紀の半ばに仕事のない多くの女性たちの先頭に立って職探しをし，新しい女性の生き方や考え方を雑誌『イングリッシュ・ウーマンズ・ジャーナル』に載せて普及させた。ロンドンの小売業のW. H. スミスが1848年にユーストン駅にニューススタンドを設置して，鉄道を使った新聞配信システムを開発するが，イングリッシュ・ウーマンズ・ジャーナルも同様の方法をとり，鉄道の駅で雑誌が売れるように販路を開拓した。ボディションの資金で借りたロンドンのランガム・プレイス19番地の事務所にはイギリス中から雑誌を握りしめてやってくる貧しい中産階級の若い女性たちであふれた。ボディションとデイヴィスは，こうした淑女たちの現実を討論する場として当時男性たちが集まる「クラブ」を真似て「ケンジントン・ソサエティ」という組織をつくり知的女性のネットワークを広げた。このネットワークには1866年にデイヴィスが組織したロンドン女性教員協会などのメンバーや社会活動家のオクタビア・ヒル(Octavia Hill: 1838－1912)も後に加わり，かなり広がりを持つものになった。

ケンジントン・ソサエティのメンバーの一人で，J. S. ミルの義理の娘，ヘレン・テイラー（Helen Taylor: 1831－1907)は，先進的な職業だった舞台女優としてスコットランドで活動していた。しかしミルの妻で彼女の母，ハリエット・テイラーが亡くなったので，家に戻り義理の父であるミルを支えていた。ソサエティの会合で女性参政権の請願書運動をすることが決まると，ボディションとヘレンが中心となり，署名を全国から手分けして集めた。ミルに託すことが決まるとヘレンは仲介役としてそれに協力した。最終的にヘレンがボディションと連絡を取り合って時期と場所を定め，ウエストミンスター・ホールにデイヴィスとガレットが二人がかりで羊皮紙

J. S. ミル像

ロンドン・テムズ河畔にウエストミンスター選挙区民によって建立された記念像　(著者撮影)

First Women's Suffrage Petition to Parliament in 1866 by Bartha Newcomb

ウエストミンスター・ホールに出向き，J. S. ミルにソサエティを代表してエミリー・ディヴィスとエリザベス・ガレットが女性参政権の請願書の署名を届ける。二人は政治的な行為を周りの人々に悟られたくなくて署名の束をリンゴ売りの台の下に隠させてもらう。彼女たちが指さすのは女性参政権の請願書の丸められた署名の束。

に書かれた1499名の署名をミルに届けた。受け取ったミルは「これでうまくいく」と大いに喜んだ。その後ミルは議会にそれを持ち込み，初めての女性参政権に関する演説に臨んだ。

1928年に男女平等普通選挙法が制定された時，このウエストミンスター・ホールでの出来事が女性参政権運動の記念として描かれた。現在LSE（ロンドン大学・ロンドン・スクール・オブ・エコノミクス）内のウーマンズ・ライブラリー（フォーセット・ライブラリー）が所蔵している。

(6) ビアトリクス・ポター―― 女性が自分で生計をたてるということ

ビアトリクス・ポター（Beatrix Potter: 1866 − 1943）はヴィクトリア時代の中期，1866年7月28日にロンドンの裕福な中産階級の家庭で生まれた。祖父はマンチェスター近くで繊維関係の工場を経営する資本家で地主，後に自由党の議員になるエドマンド・ポターであり，エドマンドの工場は当時としては珍しく，労働者のための福利施設として図書館や労働者

ビアトリクス・ポター

のための食堂，子どもたちの学校まで完備していた。ビアトリクスが大好きだった祖母のジェシーは湖水地方の地主の娘でキリスト教に対して合理的な考え方をするプロテスタントである熱心なユニテリアンの家庭で育ち，父親の急進的な活動を見て育った。ビアトリクスの父はロンドン大学出身の法廷弁護士ルパート・ポター（Rupert Potter）で急進的なユニテリアンをはじめとした幅広い交友関係を持ち，一家の友人の中には下院の自由党員のリチャード・コブデンやクエーカー教徒のジョン・ブライト，またパーティーの常連客だったウィリアムとエリザベスのギャスケル夫妻など有名人がたくさんいた。

著名なギャスケル夫妻は，夫はマンチェスターの雄弁なユニテリアン牧師，妻は当時チャールズ・ディケンズなどと並んで社会派の小説家として有名だった。ビアトリクスの父，ルパート・ポッターは子どもたちを愛し，法律家ではあるが，芸術的なセンスにあふれており，子供部屋に飾る絵皿などを自分で描くほどの趣味人でもあった。マンチェスター近くの綿花商の娘で，やはり厳格なユニテリアン家庭で育った母は，ビアトリクスにとっては子どものころから苦手な存在だったが，そんな厳格な母もまた趣味で水彩画を描いていた。ビアトリクスはこのような両親の才能を受けて，こどもの頃から絵画においては天賦の才能に恵まれていた。ビアトリクスの教育は当時としては常識的なもので，女の子は家庭教育と決まっていたので，ガヴァネス(女性家庭教師)から一般的な知識を学び，終生学校には通うことはなかった。そのため弟(バートラム，バーディーと呼ばれた)が小さいうちは，弟が友人がわりだったが，その弟が寄宿制の学校に入れられるとビアトリクスは友を失い孤独となった。彼女の乳母(ナース・メイド)だったスコットランド人のアン・マッケンジーは，そんな孤独な彼女に多くの影響を与えた。小さいころは民話を読んで聞かせ，妖精や魔女の存在を感じさせ，彼女の情緒を深め育てた。父は早くから彼女の

母ヘレンと幼少期のビアトリクス

父ルパートの撮影。
父ルパートはカメラが趣味で家族の写真を多く撮った。

才能をみとめており，いつも絵を書くように奨励した。1872年からビアトリクスはミス・フローリー・ハモンドから読み書きと算術を学び，後にミス・キャメロンという絵画の先生も付いて，家庭学習を17歳で修了する。その後，淑女教育として３歳年上のアニー・カーターがドイツ語とラテン語を教えにやってくるようになると，この年の近い家庭教師との時間に彼女は大きな喜びを感じるようになった。アニーは家庭教師ではあるが，孤独なビアトリクスにとってはいろいろなことを話すことができる友人となった。

ポター父子とポターのドレス

アーミットギャラリー＆ライブラリー
（アンブルサイド）

一家は一年に３ヵ月ほどロンドンを離れてスコットランドに滞在するのを習慣としていた。滞在中は父の友人で著名な画家，サー・ジョン・エヴェレット・ミレー（Sir John Everett Millais: 1829 – 1896）やウイリアム・ギャスケル牧師（William Gaskel: 1805 – 1884）など著名な人物や急進的な人々が一家を訪ねた。その中の

ローンズリー牧師　Sir. J. E. ミレー　ギャスケル夫妻（ウイリアムとエリザベス）

一人に湖水地方の環境保護活動をしているハードウィック・ローンズリー（Hardwicke Drummond Rawnsley: 1851 − 1920）牧師がいた。ビアトリクスは彼から自然の景観の高潔さや湖水地方について教わり，大きな影響を受ける。ローンズリー牧師は当時ナショナル・トラスト運動の前身となる湖水地方保護協会を立ち上げたばかりだった。後に児童作家になったビアトリクスがナショナル・トラスト運動にかかわるようになるのは，このローンズリーとの交流がきっかけだった。

ビアトリクスの外国語の家庭教師であり，友人でもあったアニー・カーターは土木技師のエドウィン・ムーアと結婚し，ポター家を去る。しかし1887年のクリスマス・イヴに長男ノエルが生まれるとそののちも友人として親しくビアトリクスを訪ねる。そしてビアトリクスは，やがてノエルが大きくなるとノエル少年に自筆の手紙やカードを送るようになった。そしてビアトリクスとこのノエル少年との文通は，やがてビアトリクスの人生を変えることになる。ノエル少年が６歳になったころ，ノエル少年に弟のエリックが生まれ，ビアトリクスはこの二人の少年に絵手紙を描くようになった。それは病気のノエル少年を励ます彼女の「魔法の目」で描いた最初の物語だった。

「ノエル君へ。あなたに何を描いたらいいのかわからないので，４匹の小さな子ウサギのお話をしましょう。名前はフロプシーとモプシーにカントンテールにピーター。子ウサギたちはお母さんと一緒に

子どもたちへの絵手紙

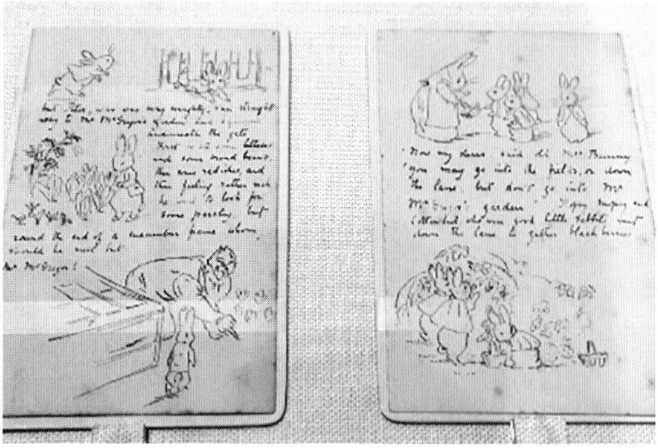

（出典：朝日新聞）

1901年初版（私製版）

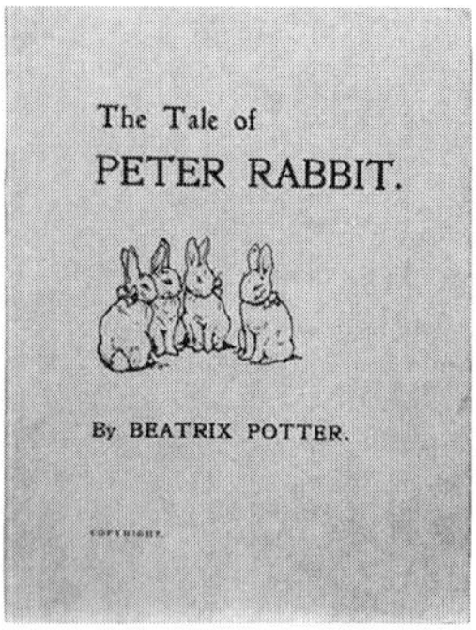

大きなモミの木の下の砂の穴の中に住んでいました。」

と簡素な絵手紙を送った。バートラムがいなくなった後，ビアトリクスはリューマチ熱と思われる症状をたびたび繰り返し，病気がちで孤独な日々を送っていた。バートラムが子供部屋で飼っていたコウモリや小動物を代わりに育ててデッサンやスケッチを描く日々を送り，特にヤマネにはザリファーという名をつけてシリーズで描いた。これは後に『妖精のキャラバン』のモデルとなった。彼女はペットショップでベンジャミン・パウンサーを買い，たびたびデッサンを描いてかわいがった。ディナーの席用のカードにはビアトリクスがデザインしたベンジャミン・パウンサーが描かれるようになり，叔父のヘンリーが出版社に持ち込んではどうかと提案し，弟のバートラムがこの作品を出版社に持ちこんだところ挿絵として採用されて「HBP」のイニシャルでクリスマス，新年用のカードとして販売された。

アニーの子どもたちはビアトリクスからの絵手紙に夢中になり，その様子を目にしたアニー・ムーアが1900年にビアトリクスに「その動物の物語はもっと幅広い読者を持てるのではないか」と提案した。ビアトリクスは「ピーターラビットのおはなしとマグレガーさんの庭」のモノクロの原稿を用意し，カラーの口絵をつけて，当時大聖堂参事会員だった旧知のハードウィック・ローンズリーに助言を受けに行った。ローンズリーは協力を惜しまないと賛同してくれたが，どの出版社も興味を示さず，結局ビアトリクスは自費出版を余儀なくされた。ビアトリクスは250部の初版を用意したが，すぐに売れて200部の追加印刷を依頼しなければならなかった。

一方彼女の才能を信じていたローンズリーはビアトリクスのストーリーを詩にかえて私製版が出る前にフレデリック・ウォーン社に送った。ウォーン社は挿絵を彩色するように求め，詩には興味を示さなかった。ビアトリクスはただちに文章に手を加え，挿絵に色をつけて1902年にウォーン社と契約を結び『ピーターラビットのお話』初版8000部が出版された。しかし10月の刊行予定前にすべて売り切れてしまい増刷しなければならなかった。

ビアトリクスは出版担当者のノーマン・ウォーンと協力しながら創作活動を進め，伝承童謡，「ネズミの本」やカエルの物語など新作を考えてはノーマンに提案した。ロンドンのベッドフォードストリートのフレデリック・ウォーン社のオフィスの外で，会社の創業者の息子ノーマン・ウォーンと仕事の打ち合わせをするビアトリクスを待つポター家の馬車を見かけることが多くなっていった。ノーマンにはハロルドとフルーイングという兄がおり，彼らも会社経営にかかわっており，未婚でビアトリクスよりも３歳年下のノーマンは，母と未婚の姉ミリーとともにベドフォード・スクエアに建つ大きな家に住んでいた。ノーマンとビアトリクスの間で交換されていた手紙にはビアトリクスの家族は娘が出版社の人間と親しくなることを快く思わない様子が書かれていた。「悪いネズミのお話」や『グロスターの仕立屋』のモデルにもなっている人形の家は，ノーマンが姪のウィニフレッド・ウォーンのために作った人形の家がモデルになっているが，それを見に行く約束をめぐって母と口論になりビアトリクスは「私の母はとても厳しくて……とても疲れます」という手紙を書いている。1905年のはじめ，ビアトリクスはハリネズミが主人公であることに反対するノーマンを説き伏せて『洗濯屋のティギーおばさん』のお話を具体化させる。洗濯婦のティギーおばさんは実在したキティ・マクドナルドが元になり，ビアトリクスがかわいがっていたハリネズミのミセス・ティギーをキャラクターとして湖水地方の素晴らしい風景を背景に描かれている。その年の7月，ノーマンから妻になってくれないかという手紙をビアトリクスは受け取り大喜びで承諾する。しかし母からの激しい反対と「商人に嫁がせることは許さない」という完璧な否定をされると，両親には従順だったビアトリクスもノーマンから贈られた指輪を絶対にはめると言って譲らなかった。ビアトリクスはすでに39歳になっていた。しかしそれから間もなくノーマンは白血病にかかり8月25日に亡くなった。

ノーマンの死はビアトリクスにとって耐えがたいものだったが，1905年初めにノーマンの了承のもとですでに計画していた湖水地方のニア・ソーリ村の17世紀の農家とヒルトップ農場を購入し，ロンドンから引っ越すことにした。ヒルトップ農場ではかつての農場主夫妻をそのまま雇い入れ農場経営を始めた。彼女は最初の取引で高額な値段で販売されたことを知り，賢い経営者になるべく，農場や不動産の売買方法を研究する。しかしウォーン社のハロルド・ウォーンから著作権や印税が滞るようになり，ビアトリクスは1908年にアンブルサイドとホークスヘットで事務弁護士事務所を経営していたウイリアム・ヒーリス(William Heelis: 1872 − 1945)に相談した。ヒーリスは彼女の非公式な不動産管財人となる。ヒーリスはやがて大切な友人に，そして夫となった。ビアトリクスは1913年にケンジントンのセント・メアリースポッツ教会でウイリアム・ヒーリスと結婚式を挙げる。ビアトリクス47歳。この時は気難しい母も不承不承承諾する。彼女はミセス・ヒーリスという呼称を喜んで使用するようになる。その後ウォーン社との金銭トラブルでスキャンダルに巻き込まれることもあったが，夫婦で乗り越え，晩年のビアトリクスは，1920年に亡くなったローンズリーの意思を継いで，湖水地方の景観を守るために活動する。

1928年ウィンダミア湖の水際開発の危機から自然を守るために，ビアトリクスは彩色デッサンシリーズを描いて彼女の絵のファンが多くいたアメリカ合衆国で高い値段で販売し，水際の土地開発を防ぐことができた。1924年に2000エーカーのトラウト・ペックパーク農場(長い間ガールスカウトのキャンプ場として使用された）を取得し，その６年後にマンク・コニストン・エステートを買い取った。そしてこれらをナショナル・トラストが資金を用意できたときに，その半分を原価で販売することを約束し，ナショナル・トラストはそれを受諾した。そして彼女に対して，トラストは，その土地全体の維持管理を依頼することにした。ビアトリクスは以後農場経営に没頭し，本の出版になかなか応じることが難しくなっていった。また羊のハードウィック種の維持にも熱心で，羊飼いのトム・ストーリーと共に羊のコンテストに出て入賞したこともあった。

ハードウィック種の羊

著者撮影

1943年，病気にかかったビアトリクスは，羊飼いのトム・ストーリーを呼んで自分が亡きあと，ヒーリスを手伝って農場の管理をするように依頼し，自分の死後，自分の遺灰を最愛の丘の秘密の場所にまくことを遺言した。ビアトリクスが亡くなり悲嘆にくれたヒーリスは1945年に彼女を追うようにして亡くなった。まじめなトム・ストーリーは遺言を守りぬいて，誰にも遺灰をまいた場所を教えず，1986年に77歳で亡くなった。彼女の牧場や多くのコテージはナショナル・トラストに寄贈され現在まで引き継がれる貴重な遺産となっている。

彼女は才能にあふれ，機会に恵まれたごくまれな女性だったかもしれない。しかし彼女の時代の約60年前には彼女と同じように才能や機会に恵まれた女性でも，妻となった女性たちは自分の財産の使い方を自分の意志で決定する自由はなかった。既婚女性には財産権がなかったのでたとえ自分の努力で獲得した財産でも自分でその使途を決定することは不可能だった。しかしビアトリクスの時代のイギリスでは，すでに女性たちが財産権を持つことは不思議なことではなかった。それはここに至るまでに多くのイギリスのフェミニストたちが繰り広げてきた知恵と努力と闘争の結果だったことを忘れてはならない。

4．今日のイギリス

(1) イギリスは第一次世界大戦後の1920年に，北部６州を残し南部26州に自治を与える「アイルランド統治法」を制定した。そして1922にはプロテスタントが多く居住する北部６州を残してアイルランドは事実上の独立を果たした。しかし全島独立を求める人々との間に確執を残してきた。またイギリス本国は19世紀後半から植民地への移住を推奨し，白人が多数を占める植民地を自治領として自治権を与えるようになった。しかしイギリスの帝国支配が退潮となるにしたがって自治領で独立の動きが盛んになった。イギリス政府は1926年の帝国議会でバルフォア報告書[20]を作成し，自治領とイギリス本国が対等であることを確認した。さらに1931年に「ウエストミンスター憲章」によって「イギリス国王への忠誠のもとに結びついた対等な自由国」と定義し，これ以後イギリス帝国は段階的に「コモンウェルス・オブ・ネイションズ」(諸国連邦：Commonwealth of Nations)へと変化する。インドなどの共和制となって立憲君主制を取らない国も英連邦首脳会議に参加し，加盟国数はEUを超えている。また同君連合の立場を維持する国は減ったが，現在でも，アンティグア・バブーダ，オーストラリア，バハマ，バルバドス，ベリーズ，カナダ，グレナダ，ジャマイカ，ニュージーランド，パプアニューギニア，セントクリストファー・ネイヴィス，セントルシア，セントビンセント・グレナデーン，ソロモン諸島，ツバルが英国と同君連合を維持しており，これら16の王国は英連邦王国(コモンウェルス・レルム：Commonwealth realm)として，独立した国家ではあるがイギリス国王が任命した総督を置いている。

---

20 Balfour Declaration of 1926. 帝国会議においてイギリス本国と自治領との関係が新しく定義された。バルフォア伯爵枢密院議長(Earl of Balfour Lord President of the Council)の名前から付けられた。

これらの国家の特徴は，英語を共通語とし，法律や制度はイギリスの影響を大きく受けている。

第二次世界大戦後のイギリス経済は疲弊し，社会改革を掲げた労働党クレメント・アトリー（Clement Richard Attlee: 1883 – 1967）内閣は国営化と福祉政策を積極的に実施した。イングランド銀行をはじめとして，石炭，航空，電気，ガスなど主要な産業が国有化された。1946年に国民保険サービス法が成立して失業保険，老齢年金，死亡給付金などの制度が整備され，1948年には国民保健サービスによって医療費を税金で払う仕組みができ，すべての人が医療を無料で受けられるようになった。教育改革にも取り組み，義務教育年齢を15歳にひきあげた。戦後政治の基本路線は労働党と保守党の福祉国家への広いコンセンサス（合意）による議会制民主主義によって成立させてきた。

第一次，第二次世界大戦による国家の衰退が明白になる中で，イギリスでは政体としての連合王国を鼓舞し，国家としての一体感を保つ意味で「ブリティッシュネス」という言葉が多く使用されてきた。労働党内閣が掲げる福祉国家体制を支える議会制民主主義や，人々に国民としての共通意識を高めるシチズンシップの考え方は，イングランドを中心として発達してきた戦後の連合王国を一つの文化としてまとめ，ナショナリティを国民全体にもたらしている。ウェールズ，スコットランド，北アイルランドには今でもイングランド中心の体制に対して，歴史的に抵抗をもつ感情も見られるが，戦後「ブリティッシュネス」はイギリス人性として国民の一体感を高めるのに貢献した。イギリスらしさ，イギリス人の国民性として「ブリティッシュネス」は連合する各地域の地域性の上に，いまや連合王国の国民性として形成されている[21]。しかし近年の移民の増加によってアジアやアフリカなどの多くの文化がイギリス国内に台頭することによって，「ブリティッシュネス」という言葉が民主主義やシチズンシップの押

21　安達智史「ブリティッシュネスの解体と再想像」社会学年報39 (0)，51-62，2010. 東北社会学会

し付けに近い推奨として政治的に使用されるケースが多くなった。また「ブリティッシュネス」が移民や難民の排除を背景に使用される例も見られるようになった。

1951年にチャーチルが返り咲いた後，朝鮮戦争の好景気に支えられて長期の保守党政権が続いたが，1970年代にアイルランド共和国(IRA)によるテロ，労働争議などがあいつぎ，チャーチルは失脚した。労働党政権になってもウェールズやスコットランドの地域ナショナリズムの高揚に政権は対処しきれず，1979年に初の女性首相として登場した保守党党首マーガレット・サッチャー（Margaret Hilda Thatcher: 1925 – 2013)が今までのコンセンサス(合意)をひっくり返す市場主義に大転換したことによって，政治的な「ブリティッシュネス」はひとまず影を潜めることになった。

「鉄の女(Iron Lady)」マーガレット・サッチャーの新自由主義政策は民営化で公共支出を削減し，国営化による非効率で低迷していた経済を回復させた。国際政治においても1982年にフォークランド紛争がおきると妥協しない断固とした姿勢を貫き勝利をおさめ，強い連合王国のイメージを国民に与えた。政権交代後，労働党のトニー・ブレア(Tony Blair: 1953 –)は「ニュー・レイバー」[22]を旗印に労働党改革を行い，教育改革と香港返還やスコットランド，ウェールズの地方議会設置など，困難な事案に取り組み，サッチャリズムと福祉国家路線の折衷政策によって景気拡大を実践した。その後保守党と自由党の連立政権が初めて誕生し，当時43歳の若い保守党の党首デーヴィッド・キャメロン(David William Donald Cameron: 1966 –)が首相となったが，キャメロンは2016年6月23日の欧州連合離脱[23]にともなう国民投票の結果が国民の過半数の離脱支持であったことを受け，離脱反対を支持した指導者として首相を続けるのは適切ではないとして辞職した。後任には保守党テリーザ・メイ(Theresa Mary May: 1956 –)が首相に就任し，EU離脱の諸手続きに着手すること

22　ニュー・レイバーとは労働党支持者層に中産階級層を含める新しい労働党の概念。
23　EU離脱。ブレグジット(Brexit: Britain とexitの造語)

になった。

第二次世界戦後の英国社会の変容から「ブリティッシュネス」というイギリスらしさ，国民性が危機に瀕しているのは疑いもない事実である。かつての国民の一体感は大量の移民文化を受容してきた。しかしその文化は現代のイギリスでは理解されにくい。またアジアやヨーロッパ各地から流入する多様な文化が，時にイギリスの国民性，「ブリティッシュネス」である民主主義や法の支配，個人の自由，相互の尊敬，異なる宗教と信条に対する寛容の精神などと対立する場面もある。かつての「ブリティシュネス」に支えられた寛容なイギリスの多文化主義は，岐路に立っている。

コラム：イギリス人の食生活

イギリス料理はうまくないと言われるが，それはイギリス人自身がよく知っている。しかし彼らは食事というものを美食という感性ではなく合理性で考える。つまりおいしいものを食べたいという感情ではなく，自分たちの生活文化に見合った食を追求する。大切な時間を料理のために使うことは，ばかげていると感じるのかもしれない。ピューリタンの文化は質素で，食事も質素だったことも影響している。しかし最近イギリスでは，子どもたちの昼食が貧弱であることが社会問題となっている。2003年，英国土壌協会(Soil Association)は「Food for Life」というレポートを発表した。これは小学生が栄養基準を満たす健康的な食事を摂取できない状態に対して，対応できないイギリス政府を強く批判するものである。このレポートでは，「イギリスでは刑務所の食事の方が学校の給食よりも予算がかかっている」と痛烈な批判をしている。子供の学校給食に使われる予算は，毎日わずか31ペンスで，刑務所の昼食は一食あたり約60ペンスだというのだ(内閣府　平成19年３月「諸外国における食育推進政策に関する調査報告書」)。行政は子どもの健康のための食育推進に，クッキング・バス(cooking bus)を各地に走らせ，健康的な食生活推進活動を行っている。

しかしイギリスにおいしい料理がないわけではない。イングランド，スコットランド，北アイルランド，ウェールズという地方独特の郷土料理に加え，アングロ・インド料理があり，また，様々な植民地から入ってきた料理や食材もある。ただし伝統的なイギリス料理は他のヨーロッパ諸国同様に，穀物やジャガイモを添えた肉料理である。ロースト・ビーフやミート・パイ，ソーセージやハムなどである。特にスコットランドでは血液のソーセージ，ハギスやポリッジと呼ばれるオートミールにフルーツや砂糖を入れて朝食として食べるのが一般的である。また，朝食といえばイングリッシュ・ブレックファストが有名だが，ソーセージに肉厚なベーコン，目玉焼きやビーンズ，焼きトマト，場合によってはキッパーと呼ばれる魚の燻製など，それにカリカリに焦げた薄いトーストというフル・ブレックファストは，実は肥満を気にするイギリス人には好まれない。バンガーズ&マッシュのような単品とシリアルやヨーグルトといったシンプルな朝食で出勤という人が多い。またイギリスのソーセージにプリプリ感はあまりない。なぜなら中身に肉だけでなく，香辛料やパン粉などハンバーグの材料のようなものが詰まっているので，ドイツのソーセージのような食感とは少し違うイギリス風ソーセージとなっている。キッパーは魚の燻製で，朝食に食べるので，朝食に魚を食べる日本人はアジの干物を連想してしまうが，タラやニシンの燻製が多い。フィッシュ・アンド・チップスもよく食べられる魚料理で，パブの定番メニューには必ず入っている。

昼食はイギリスの国民食であるサンドウィッチが多い。サンドウィッチの挟む食材の多さはイギリスならではである。サーモンと卵，チキンやロースト・ビーフなど。ロンドンには日本でいうコンビニのようなミニ・スーパーがたくさんあるが，われわれが昼食用におにぎりを選ぶように，昼時になると人々が忙しく買っていく光景を目にする。サンドウィッチはハンバーガーや菓子パンよりも値段が安く，しかも野菜がたくさん入っているので人々に好まれる。ヴィクトリア時代，上流階級の社交の場であったパーティーでは女性たちが着飾って相手をするため，なかなか食事ができない。そのためパーティーの前の中間食としてアフタヌーン・ティーの習慣ができた。女性たちはパーティーの前の午後のひと時を，淑女好みに細く切ったサンドウィッチとクロテッド・クリームを添えたスコーンがのったケーキスタンドを前に，パーティーのファッションや客人のうわさなどしながら優雅に紅茶を楽しんだ。

夕食はディナーと言うが，昼食べる学校給食はなぜかスクール・ディナーという。これはディナーには主たる食事という意味があり，昔貧しい家の子どもは学校給食が主たる食事だったことからそのように言われるようになった。だから給食の係員の女性はディナー・レディーである。また，労働者階級には昼食と夕食の区別はなかったこともその理由である。

夕食について，イギリスのディナー（dinner）はパーティーの習慣とともに定着したものだが，正装をして人を招いて行われるディナー料理は通常最低でも３つのコース料理で構成される。オードブルやスープに続いて，メインの肉や魚料理，そしてデザートやチーズ，フルーツ，最後にチョコレートとコーヒーや紅茶などがでる。一方，毎日の食事は家庭によって異なるが，サパー（supper）といって簡単な料理とビスケットやお菓子などのデザートが普通である。貴族はサパーといえば，ベッドに入る前に食べるビスケットとココアなどの飲み物のことをいうが，現代では軽い夕食のことをサパーという。

第3章
フランス(French Republic)

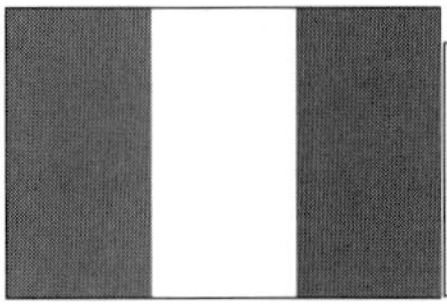

1．自然と民族

フランスはヨーロッパ大陸の西に位置する共和国である。領土はコルス(コルシカ)島を含むフランス本国と海外県(カリブ海東部のグアドールなどの5県)と海外領土(南太平洋のポリネシアなど)からなっている。本国の面積は54万4000平方キロ(日本の1.5倍)で，その形はほぼ六角形をしている。そのうち三辺は英仏海峡，大西洋，地中海に面しており，残りの2

辺は，ピレネー山脈，アルプス・ジェラ・ヴォージョ山脈に面している。人口は，約6718万人(2018年１月１日，仏国立統計経済研究所データ)であり，首都はパリで人口は222万人(2014)である。ライン川，ジュラ山脈，ピレネー山脈，アルプス山脈を自然国境としている。

フランスは18の地域圏に分割され，そのうち13の地域圏はフランス・メトロポリテーヌ(ヨーロッパ圏にあるフランスの領土)内にある。フランス・メトロポリテーヌ内にある13の地域圏(レジオン，région)とは，州に相当するもので(県に相当する行政区は101)，全部で18あるが，ヨーロッパ大陸に位置するものは13である。フランスが国境を接する国はスペイン，イタリア，スイス，ドイツ，ルクセンブルク，ベルギー，アンドラ，モナコの８ヵ国である。河川はロアール，セーヌ，ガロンヌ，ローヌと国際河川のライン川とムーズ川がある。大西洋にそそぐロアール川は，最も長く，全長1012キロある。

気候はおおむね温帯気候に属するが，西と南は海に接し，東は陸続き，南部には中央高地があるため海洋性気候，地中海性気候，大陸性気候，山岳性気候のほか，これらが入り混じった複雑な気候も見出せる。フランスは温暖な気候と肥沃な土地をもち，古くから農業国として知られていた。現在も農業大国に変わりはないが，1960年代に農業が国民経済に占める割合がGNP（国民総生産)の７％まで低下した。しかし国家予算に対する農業の比重は依然として大きく，現在でも農業はフランスにとって重要な地位を占めている。またフランスでは気候的条件が多様であるので，南はスペインから北はデンマークまで作物のほとんどが栽培できるという特徴がある。ボルドー，ブルゴーニュなどはワインの産地でもあり，酪農も盛んで，フランスでは農業生産物の自給率は100％を超える。

２．フランス人とは

(1) 美(うま)し 国フランス

フランスは気候が温暖で，住み心地の良い国である。しかしそれだけではない意味で「美(うま)し国フランス(La dulce (douce) France)」と称されてきた。「うまし」とは，美しい，おいしい，優しい，楽しい，なつかしいなど多くの意味をもち，「美(うま)し国フランス」とは，人々が愛着や郷愁をもって愛国の気持ちをそれぞれのイメージで思い描く言葉でもある。これは11世紀に書かれた武勲詩『ロランの歌』に由来する言葉で，詩の随所で「美し(うま)し国フランス」という言葉を見ることができる。「La dulce (douce) France」の翻訳は苦労したのだろう。舒明天皇の国見の故事(万葉集第二歌)「大和には群山あれど，とりよろふ，あまの香具山，のぼりたち，国見をすれば，くにはらは，けぶりたつ，うなはらは，かまめたちたつ，うましくにぞ，あきづしま，やまとのくには」からの引用だとされている。

フランスといえば「自由，平等，博愛(Liberté, Égalité, Fraternité)」をイメージするが，これはフランス共和国の標語である。フランスの国旗はトリコロール(三色旗)と呼ばれ，この標語を意味するとも言われているが，その起源はフランス革命にある。三色旗は革命を象徴するものとしてフランス社会に浸透し，19世紀になるとフランス国旗として定められた。自由・平等・博愛の標語は19世紀末の第三共和政の時代に正式にフランスの標語として取り入れられた。フランスでは学校や官庁をはじめとして，至るところに金文字で鮮やかにこの言葉が刻まれている。

フランス人が自国の文化を大切にする例として，トゥボーン法がある。この法律は文化大臣ジャック・トゥボーン(Jacques Toubon: 1941 −)にちなんで1994年に制定されたものだ。これはフランスに他国の言語，特に英語がはびこることを憂慮して，フランス語の強化を義務づけたものである。正式名称は「フランス語の使用に関する法律」といわれ，フランス国内で行われる国際会議，広告，交通機関の標識，金融など，また製品の使用説明書，国内におけるテレビやラジオの放送，学会，デモ，レストランのメニューなど，公共の性格を持つものは，「フランス語の使用を原則的に義務づける」というものだ。それにさきがけて1992年にフランス共和国憲法第2条に「共和国の言語はフランス語である」という文言を追加している。フランスではフランス語は明晰で美しい言葉であるとされ，特にフランス人は17世紀以降の近代フランス語に誇りを持ち大切にしてきた。最近ではコンピューター関係やインターネット関連の言語が英語であるため，テレビなどの公共放送でツイッターやフェイスブックなどという英語由来の言葉を使用できないという不便さも見受けられる。またトゥボーン法では英語のパンフレットを必ずフランス語に訳して使用することを義務づけているため，それを守らなかった企業には罰則規定も設けられている。こうした法律は他国から非難を浴びることもあるが，うまし国の文化を守るというフランス人らしい発想でユニークである。

(2)　論争と対話の国民性とジャンヌ・ダルク

フランス人はケルト人から個人主義を，ローマ人から法と秩序を，ノルマン人から進取の気性を継承したといわれる。個人の自由と自立を尊重するという点で個人主義であり，妥協を嫌い，些細なことまで自分の意見を主張し，集団行動を嫌う側面があるといわれる。またフランス人の祖先であるゲルマン民族の「ゴール人(ガリア人)の論争」として古くから言われているように，口論好きで共通の敵に向かって戦うよりも，グループ同士での争いをくり返してきた。カエサルが少数の部下を率いて多数のゴール人を破ることができたのは，ゴール人たちの内輪の争いに乗じたからだともいわれる。このように個人主義で一体となって行動することが困難な国民性は，百年戦争(1237－1453)のときにも同じだった。大勢の騎士たちは，食事の時間だとか，今は夜だから戦わないなどと勝手なルールを主張した挙句に口論し，お互いの足を引っ張り合ってジャンヌ・ダルク(1412－31)が登場するまでフランス軍はイギリス軍との戦いに敗退し続けていた。

百年戦争のはじまりは，政治権力をもったカペー朝(987－1328)がフランク王国のカロリング朝の系譜で，14世紀には教皇を幽閉に追い込むほどの力を保持したのだが，1328年にシャルル４世の死後，後継者がなかったことから王位継承争いが生じたことに由来する。王位はカペー朝の支

ジャンヌ・ダルク

ジャン・オーギュスト・ドミニク・アングル
(Jean Auguste Dominique Ingres) 1854

流であるヴァロア朝のフィリップ6世が継承したが，カペー朝ではサリカ法という法律に基づいてカペー朝の血統の直系男子のみに相続権があると定められていたので，シャルル4世の娘イザベラとイギリス王エドワード2世の子，エドワード3世が異議を唱えてフランス王に名乗りをあげ，百年戦争が勃発する。シャルル7世(1403－1461)の時代に突如として現れたジャンヌ・ダルク(1412頃－1431)は現在でもフランスの国民的ヒロインである。カトリック教会における聖人，あるいは「オルレアンの乙女(la Pucelle d'Orléans)」と呼ばれている。神のお告げを受けた農夫の娘，16歳のジャンヌは伝手を頼って戦場へ赴き，次々とフランス軍敗北の預言を的中させた。神の声を聴いたという彼女を指揮官ら貴族が援助し，彼女は軍備を整え軍隊を率いて戦場に向かった。彼女は剣の代わりに旗を振り，次々と作戦を繰り出し，優れた指揮官として勝利を収めた。さらにフランス国王シャルル7世の戴冠に貢献した。勝利するたびに兵士たちは彼女にひざまずき，その忠臣となった。その後ジャンヌはイングランドに加勢したブルゴーニュ公国軍の捕虜となり，イングランドに引き渡された。そしてイングランド占領下のルーアンで宗教裁判にかけられて19歳の若さで火刑に処される。当時の戦争では身代金を支払って，捕虜を取り戻すこともできたはずだが，ジャンヌは助けられることはなかった。イングランド軍に勝利することができなかったフランス軍が，フランスの存亡をわずか16才の乙女に託し，彼女は勇敢にも勝利に貢献したが敵に捕らえられ，宗教裁判にかけられ，男装をしていたのが理由のひとつとなり処刑された悲劇は，その後彼女をフランス社会のヒロインにする。彼女の甲冑姿の男装は男ばかりの戦場で性的嫌がらせから身を守るためだった。それが宗教裁判にかけられる口実になったのは悲しい。

フランスの活力と，その一方で能率の悪さについて，アンドレ・ジイドは『日記』の中で，次のように述べている。

「フランスでは，党派や分派は過去から将来へと常に存在し続けよう。それは対話の存在を意味する。そのおかげでわがフランス文化の美しい調和があり，しかも多岐にわたる調和がそこにあるのだ。いつもパスカル，モンテーニュのごとき人物が存在したし，今日においてもクローデルとか，ヴァレリーのような人物がいる。ときには，二つの意見の一方が，力や威信によって勝利を収める。しかし，もしも他方の意見が消え，沈黙されるような時代が到来したら，その方がもっと不幸なことではないか」（『ヨーロッパ人』）

論争と対話の国民性を束ね，議論好きの兵士たちを黙らせ，まとめあげたジャンヌ・ダルクはフランスにおいてはまれに見る英雄（ヒロイン）なのである。

３．歴史と文化

(1) 絶対王政の成立と発展

フランス王，シャルル８世は1494年ナポリ王国の王位継承権が自分の父にあるとして，アルプスをこえて出兵しナポリを占拠した。このときフィレンツェの人々は無抵抗のままフランス軍を見送ったが，ニッコロ・マキャベリ（Niccolò Machiavelli: 1469 − 1527）はフランス軍の策略にはまりほとんど抵抗もせずにフランス軍の侵攻を許したフィレンツェ共和国の対応に，無念のあまりその後『君主論』（1532）を書いた。このときマキャベリが見た光景は，「優れた君主とはどうあるべきか，君主はいかにして

ルイ 14 世

財務総監コルベール

権力を維持し，政治を安定させるか」を説いたこの著書の成立につながった。君主たるもの，強力な独裁者として権力を使ってでも国民軍を保有し，国民を守るために国家統一の必要性を訴えたこの『君主論』は，力による統治なしでは社会を編成できないと主張する。「中世的な束縛から自由になった個人」は自分のためには恩義や愛情など捨て去る存在となった。マキャベリはこのような人間を邪悪な存在ととらえた。しかしそれでもマキャベリはどのような手段を使おうとも国家を維持しようとする君主の存在は，その後「マキャベリズム（権謀術数・策略やはかりごとができる優れた君主を肯定する）」という言葉を生んだ。

ルイ 14 世（即位 1643 − 1715）は即位したとき 4 歳だった。母アンヌが摂政をつとめ，イタリア出身の優れた宰相マザラン（Jules Mazarin: 1602 − 1661）が絶対王政を強化した。マザランが死去すると彼は 22 歳の時に単独で統治を行うようになった。宰相コルベール（Jean Baptiste Colbert: 1619 − 1683）（1619 − 83）を介し，イギリスに対抗して重商主義政策を推し進めた。コルベールは国家財政の改善と国力の増強につとめ，自国の工業生産品の

マキャベリ像

ウフィツィ美術館

輸出を推進した。彼は保護貿易主義をとり，外国製品の輸入には高い関税をかけた。当時は貿易差額を重視する重商主義政策が主流で，それは外国製品に関税をかけて輸入を制限し，貿易差額の黒字を政策的に作り出すものだった。しかしフランスは本来農業国で，気候も温暖で工業国イギリスとは自然環境が全く異なる。工業を優遇することによってフランスの農業は急速に衰退していった。こうしたフランスの農業の危機の時代に農業政策の重要性を主張するフィジオクラート[24]が台頭し，フランス独自の大地の自然を重視する重農主義という考え方や文化を普及させた。

ルイ14世は中央集権化政策を行い，オランダ戦争，アウグスグルブ同盟戦争，スペイン継承戦争などによって領土を拡張し，フランス絶対王政の最盛期を築き，太陽王といわれた。また宗教においては，プロテスタントに対する締め付けを強め，ナントの王令[25]を空洞化したフォンテンブローの王令(1685)を発令した。これによってプロテスタントの礼拝を禁止し，教会の破壊と牧師の追放を行った。この結果，約20万人にも及ぶプロテスタントの人々がオランダ，イギリス，ドイツ，スイスなどに逃亡した。フランスの農業資本家階級であるユグノーの多くはカルヴァン派のプロテスタントだったので，これを機に海外，特にオランダやイギリスへ移住した。オランダやドイツ(ブランデンブルク選帝公国など)へ逃れた者たちは金融業をはじめる者もあり，技術と資本を持つ彼らは移住先に様々な

24　フィジオクラシー＝重農主義。富の唯一の源泉は農業であるとの立場から，農業生産を重視する理論

25　1598年フランス王アンリ4世がナントで発布した勅令で，ユグノー（プロテスタント)に対してヨーロッパで初めて個人の信教の自由を認めた。しかし1685年ルイ14世はそれを撤回する王令を発布した。

技術革新をもたらした。またスイスに逃れた者たちはスイスの時計産業に貢献した。その一方でフランスは彼らが持つ技術や資本の多くを失った。

ルイ14世は，1661年にパリの南西20キロにあるヴェルサイユの森に新しい宮殿を建設し，1682年に遷都した。ルイ14世の遷都に伴い，王族，貴族，廷臣，衛兵など，官邸の業務に携わる人だけでも約8000人がヴェルサイユに移動した。宮殿はフランス芸術を集大成したバロック建築の傑作であり，豪華な「鏡の間」はル・ノートルの設計とマンサールの仕上げ，さらに左右対称の幾何学デザインが美しいフランス式庭園を配した素晴らしいもので，日夜音楽が演奏され，芝居や舞踏会が行われた。「大饗宴」の際には王族，貴族，高官，名士，外交官などが呼ばれて食事や演劇，花火などを楽しんだ。毎夜の宮廷料理が余ると宮殿の外で平民に売られ，庶民たちも宮廷の料理を食する機会を得た。これがフランスの食文化の始まりとも言われる。フランスの食事はもともと食事も手づかみで食べるなど洗練されたものではなかったが，ルイ14世が大食漢で，かつ，自分のスプーンやフォークなどにこだわりを持つなど食事のマナーを重視したので，こうした宮廷から食事のマナーや食文化が考慮されるようになった。フランスの国王は国民から注目される必要があり，まるで神殿のように宮殿が国民から注目されるのと同時に，王や王妃も国民から注目を浴びる必要があった。1778年12月にマリー・アントワネット(Marie-Antoinette: 1755 – 1793)が出産したときには見物人が室内に入って大混乱になったほどである。このような宮廷文化の公開によってフランスのファッションや食文化が社会に広がった。そのためルイ14世の毎日曜日の晩餐は公開されていたし，王妃の着付けや化粧も公開されていた。17世紀頃には貴族たちも自邸にサロンを開いた。そこでは特別な社交の場として，挨拶の仕方，テーブルマナーなどが普及した。これは17世紀フランスの理想的人間像としてオネットム(honnête homme)の形成に貢献した。オネットムとはこの時代の上流階級において社会人の理想と考えられた人物像で，良識と思いやりがあり，高尚な趣味を持ち武芸にもすぐれ，知識もある人のことを言い，イギリスのジェントルマンに相当する。

シュミーズ・ドレス（木綿：モスリン）を着たマリー・アントワネット（1783）

エリザベート＝ルイーズ・ヴィジェ＝ルブラン（Marie Élisabeth-Louise Vigée Le Brun: 1755 − 1842）の自画像（1782）

(2) フランス革命とナポレオン

1774年，ルイ16世（在位1774 − 1793）は20歳で即位した。王妃マリー・アントワネット（1755 − 1793）はオーストリアの女帝マリア・テレージアの娘だった。彼女はルイ16世と政略的な結婚をするが，ルイ16世が即位したときにはすでにフランスの国家財政は危機に瀕していた。国王は財政改革を試みたが，特権層の反対にあって失敗した。国王は1789年５月，ヴェルサイユ宮殿で三部会の招集に踏み切った。三部会は第一身分の聖職者291名，第二身分の貴族285名，第三身分の平民578名から構成されていた。最初から議決方法で対立し，第三身分に対しては差別的な扱いがなされた。それを不満に思った第三身分の代表議員は，同年６月17日に自らの会議を「国民議会」と称して，６月20日に近くの競技場で憲法が改正されるまで解散しないことを誓った。

７月７日，国民議会は憲法の改訂にとりかかった。７月14日国民議会は武器の引き渡しを要求して手に入れ，弾薬を保管してあるバスティーユの要塞へ向かい，そこで銃撃戦となった。国民議会は８月４日に封建的特権の廃止を決定し，８月26日に「人間および市民の権利の宣言」を採択した。この前文と17条からなる人権宣言は，「人は生まれながらにして自

テニスコートの誓い

ダヴッド作

由であって，権利において平等である」ことをうたった。1791年に国王一族は国外逃亡を企てたがとらえられ，パリに連れ戻された。9月3日にフランス憲法が制定され，三権分立で一院制の立憲王政が採用された。議員選挙が行われ，10月1日新憲法の下で立法議会が発足した。そのころ革命の波及を恐れた諸外国が国境に迫ったため，議会は非常事態宣言を出した。それと共に全国から義勇軍がパリに集結した。その時マルセイユから来た義勇兵たちが歌ったのが後にフランスの国歌となった「ラ・マルセイエーズ」だった。21歳以上の男子による国民選挙が行われて，急進的な共和主義にたったジャコバン派が第一党となり，王権の廃止が決定された。1793年1月，国王は王権を停止され，逮捕されたのち断頭台で処刑された。同年10月マリー・アントワネットも処刑された。1793年ジャコバン派は穏健なジロンド派を国民公会から追放し，やがて独裁政治を行うようになり，急進的な改革を行うが，一方で反革命の容疑者を次々と処刑し，恐怖政治を行った。ロベスピエール(Maximilien François Marie Isidore de Robespierre: 1758 – 1794)が反対勢力によって処刑されると再び温和な共和制が復活した。しかし革命以来続いた社会の混乱を，これによってすぐに収めることはできなかった。

政治的混乱に乗じて現れたのがナポレオン(Napoléon Bonaparte: 1769 – 1821)だった。ナポレオンはコルシカ島に生まれ，パリの陸軍士官学校を卒業した軍人で，王党派の武装蜂起を鎮圧し，司令官に昇進した。1796年にイタリア遠征の司令官となり，オーストリア軍に大勝して名声を高めた英雄だった。1799年，イギリスがロシア，オーストリアと第二回対仏同盟を結び，フランスの国境を脅かすと，ナポレオンはエジプトから急いで帰国し，11月９日にクーデターを決行し，三人の頭領からなる頭領政治を行い，自ら第一頭領となり，事実上の独裁権をにぎった。統領政府のもと，革命の終結を宣言すると，彼は「共和歴第10年憲法」によって終身頭領制を制定して自らその職に就いた。1804年３月に「ナポレオン法典」を制定し，その中で法の前の平等，私有財産の尊重，信仰や労働の自由などを宣言した。革命以来混乱続きの状態に嫌気がさしていた国民は，ナポレオンの独裁を支持し，国民投票で圧倒的多数を得て，同年ナポレオンは皇帝の位についた。さらに封建的な抑圧からの解放を旗印にヨーロッパを征服し，1812年ロシア遠征ではモスクワを占拠した。しかし冬将軍の到来で冬の装備を持たなかったことから，それをきっかけにロシア軍に大敗を喫した。1814年，プロイセン，オーストリア，ロシアを中心とする同盟軍はパリを陥落させ，ナポレオンは捕えられてエルバ島に流刑となり，ルイ18世(ルイ16世の弟)が王位についた。1815年，ナポレオンはエルバ島を抜け出すが，百日天下の後，セント・ヘレナ島へ流刑となった。

アルプスを超えるナポレオン

マルメゾン城所蔵(ジャック・ダヴッド)

4．愛と死―スタンダールの『恋愛論』[26]とデュルケームの『自殺論』[27]

文化として「愛」と「死」を考えるのはフランス人らしい。スタンダー

26 『恋愛論』上下　スタンダール(岩波文庫，1959)恋愛についてのエッセー　特徴的なキーワード「ザルツブルクの小枝」の意味とは，そもそもザルツブルクはオーストリアのモーツァルトの出身地である。岩塩が多く取れる名所でもある。枯れた小枝に岩塩がついて結晶化すると非常に美しく見える。そこから相手を美化することばとしてスタンダールはキーワードのように『恋愛論』の中で使用している。

27 『自殺論』デュルケーム(中公文庫，2018)。

スタンダール　デュルケーム

ル(1783－1842)とデュルケーム(1858－1917)は，愛や死という人間の摂理を冷静に，そして科学的に分析し，その中にある社会的な原因を探求した。感情を論理的に分析するのは，フランス人の冷静がなせる業である。

スタンダール(Stendhal.本名はマリ・アンリ・ベールMarie Hensi Beyle)のモンマルトルにある墓碑名には「ミラノの人，アリゴ・ベール，書き，愛し，生きた」と書かれている。フランス人でありながらイタリアをこよなく愛した文豪，そしてジャーナリストだった。『赤と黒』『パルムの僧院』などの著作がある。リアリズム小説というジャンルを開拓した作家でもある。

スタンダールは弁護士の子として，フランス，グルノーブルで生まれ，何不自由なく少年時代をすごした。母の死によって父と確執が生じ，パリの理工科学校に合格したものの，パリの生活が合わずに母方の親戚のノエル・ダリュに引き取られる。父の反対を押し切ってダリュのつてで陸軍少尉として17歳でナポレオンのイタリア遠征に加わった。その後，フランスに戻り，仕事をはじめるがうまくいかずに，その後ジャーナリストとして記事を書く。そしてジャーナリストの目を通して見たものを小説として自己主張する作風を作り出す。1842年脳出血のため，パリの路上で倒れ死去した。スタンダールの生きた19世紀初頭のフランスにおいて，その女性観や女子教育に対する考え方は先駆的だった。『恋愛論』(1822)から見えるスタンダールのフェミニズムを読み解くと，恋愛の分析にとどまらない。スタンダールは1822年にパリのモンジー書店から『恋愛論』を出版しており，当時２冊本で1000部印刷した。だが10年間で17冊しか売れなかったという。しかし，今では「結晶作用」や「恋愛の４分類」「恋の発生までの７段階」などと言えば，スタンダールの『恋愛論』だと知らなくても，世界中でよく使われる概念となっている。

『恋愛論』の冒頭は，主人公が淑女を含む仲間と旅行を楽しむ様子からはじまる。観光で訪れたザルツブルク近郊のハラインの塩坑で，一緒に旅行していたゲラルディ夫人が，若く美しい将校に好意を持たれたとき，主人公は彼女をザルツブルクの小枝にたとえている。スタンダールはこの状況を冷静に，そしてやや皮肉を交えて分析している。スタンダールはここの鉱夫たちが，小枝を塩坑に投げ入れ，ダイヤモンドのような塩の結晶がついた小枝を３ヵ月ほどで作り，観光客の女性に記念として渡していることを恋愛の比喩としてうまく取り上げる。中年のゲラルディ夫人に恋をしている将校は枯れ枝に塩の結晶が付いて輝く「ザルツブルクの小枝」と同じように中年のゲラルディ夫人に恋をしている。恋とは人を盲目にさせる作用があることを読者に理解させる。ダイヤモンドのように輝いてはいるが，中身は枯れた小枝の「ザルツブルクの小枝」のようにスタンダールの冷静な分析力を示す小道具なのだ。

女性に対する冷徹なスタンダールの視点は，愛を語りつつ，愛を客観視する。読者はそこからスタンダールの女性観を理解する。恋に陥った人の美意識は観念的なものであり，そもそも美とは相対的なものであることを読者に悟らせるのだ。そのプロセスは次のようなものである。

『恋愛論』　恋愛分析４つのパターン

①　情熱的恋愛……すべてを焼き尽くすような，慣習も社会も眼中にないような恋愛

②　趣味恋愛……軽快で，享楽的で，スマートな恋愛

③　肉体恋愛……狩に行ってきれいな百姓娘に会ったときの恋

④　虚栄恋愛……世にときめく有名人を相手にする恋愛

また恋の発生の７段階も説明する。

①　感嘆……きれいだ！ 優しい！という賛美。

②　近接願望（自問）……あの人にふれたらどんなにうれしいだろうかと考える。①→②は最大１年。

③　希望の実現……希望が出てくると慎み深い女性であっても積極的になる。②→③は一ヵ月

④　恋の発生……共生欲求が生じる。③→④は一瞬

⑤　第一の結晶作用……想像と解釈で相手を美化する。ザルツブルクの小枝

⑥　疑惑の時期……ふと疑惑を持ち，相手に不信感を覚える。

⑦　恋の成立……第二の結晶作用。相手が自分を愛していると確信する時期。

しかし重要なことは下巻でスタンダールの女性たちに対する本音が主張されていることである。それはスタンダールの先駆的な女子教育論でもある。文豪スタンダールが19世紀の初頭において，女子教育について明確に主張したことは注目に値する。終生彼が「自由主義者スタンダール」として人々から愛された所以である。彼は従来の結婚のための嗜(たしな)み教育を否定し，男性と同じ教育をすべての女子に与えるべきだと主張した。スタンダールの女子教育論とはどのようなものだったのか，彼のフェミニズムとはどのようなものだったのだろうか。

スタンダールは『恋愛論』下巻　54章で，「つまらぬ自尊心の結果であるが，そうした教育によって，我々は女たちにも我々にもおよそ豊かな幸福をもたらす最も輝かしい才能を彼女たちのうちに眠らせている」と述べて当時の社交や習い事中心の，嗜(たしな)み教育を批判している。アメリカのヴァージニア州で黒人に読み書きを教えることが処罰の対象となることを例に，女性に男性と同等の教育を施さないことについても，これと同じことだと強烈に批判する。そしてフランスの女性たちが若いうちに恋愛に血眼(ちまなこ)になるのは，少しでも良い結婚相手を得るという目的のためだと分析する。スタンダールは幼少期には男子より利発で元気だった女子が二十歳になると臆病な娘になるのはなぜだろうかと読者に問いかける。そしてそれはすべて教育の結果であると主張する。一方でスタンダールはごくまれに学者のように優れた女性が現れることがあると，少数の知的な女性について述べる。しかしスタンダールにとってこのような女性の出現は望ましくないという。スタンダールはすべての女性に対して，男性

と同等の「教育を受ける自由」を与えることが必要だと考える。男性並みのエリート女性の出現はスタンダールにとっては望むところではなく，すべての女性たちに教育の自由を与えることによって社会の発展が得られると考えている。

フランスではルソーの教育論[28]が示すように，一般的に男子と女子は別教育が望ましいと考えられてきた。しかしそのような中でスタンダールはリアリズム小説の手法でゲラルディ夫人とドイツ人将校の恋愛分析を行い，そこから女性たちの恋愛観を冷静に分析し，さらに女子教育について論じるという独自の手法によってフェミニズムを表現した。フランス社会にとって男女平等の教育が必要であることを主張したスタンダールの『恋愛論』は近代社会の女性観の形成に大きく貢献した。ルソーの教育論である『エミール』は当時のフランスでは，無神論的な教育を容認するような記述によってカトリック国であるフランスでは発禁処分になった。しかしイギリス社会には普及し受容されてかなりの人気を得た。女子教育は嗜《たしな》み教育や家庭教育が望ましく，結婚に有利なものに限るという考え方は隣国イギリスでも常識だった。女性は男性を喜ばせるだけの存在ではなく，男性と同等の教育を受け，社会に役立つ存在になることが望ましいと主張する考え方は，イギリスではメアリ・ウルストンクラフトが『女性の権利の擁護』（1792）の中で論理的に主張した。それから30年後にスタンダールがほぼ同じ思いを『恋愛論』というおしゃれで一風変わったリアリズム小説仕立ての著作に込めて主張した。これはスタンダールらしい，またフランスらしいフェミニズムと言えるのかもしれない。

28　ジャン・ジャック・ルソー著『エミール』（1762）岩波文庫1962
ルソーの理想とする自由な人間を育てる教育論をエミールという孤児の教育過程を通して説明している。ただしその中でルソーは，成人したエミールの恋人ソフィーの教育について，性別役割分担を肯定した保守的な内容で描いている。ソフィーはただエミールを喜ばせるための教育で良いとするルソーの考え方を，イギリスのメアリ・ウルストンクラフトは大いに批判し，『女性の権利の擁護』（1792）を書き，男女平等の教育を主張した。このような男女平等の教育の主張は後にリベラル・フェミニズムの形成に貢献した。

一方で「死」についてもフランスには革新的な著作がある。エミール・デュルケーム(Émile Durkheim: 1858 − 1917)の『自殺論』である。デュルケームはフランス，ロレーヌ地方のエピナル(Épinal)出身の社会学者で，フランス系ユダヤ人である。父はラビ(ユダヤ教の律法学者)だった。デュルケームは自殺というのが個人的な問題によって引き起こされている，しかもカトリック社会においては，自殺とは神を冒涜する罪深い行動だとして社会から非難されることに対して，自殺が社会現象であることを多くのデータを証拠として科学的に分析した。彼は人間の行動や思考は個人を超えて，集団や社会のしきたり，慣習によって支配されると考えた。挨拶をすること，あるいはうそをつくのが悪いことだと考えるのは，社会における一般的な行動，思考のパターンとして個人の意識の中に定着したものだと統計を使用して説明した。19世紀のヨーロッパでは自殺者数が多く，かねてより社会問題になっていたが，デュルケームはそれぞれの社会の特徴によって自殺者数がどのように変化するかを分析し，それを社会現象だと結論づけた。たとえばカトリック教徒の多い国とプロテスタントが多い国とでは，人々の選択の自由度が高いプロテスント国の方が，自殺者が多いことを統計調査によって分析した。彼は以下に示すような自殺の分類を行い自殺という行為が社会と深くかかわる社会的な現象であることをつきとめた。特にアノミー的自殺の発見と，それが社会現象だとしてとらえたことは現代の自殺分析に大きく貢献している[29]。

自殺の４分類

① 利己的自殺(自己本位的自殺) ……過度な孤独感や焦燥感により集団との結びつきが弱まり，孤独感から自殺する。ユダヤ教よりカトリック，カトリックよりプロテスタントの方が多く自殺する傾向がある。

29　自殺予防対策について

日本の自殺者数は平成10年以後14年間３万人を超える状態が続いた。平成24年に３万人を下回ったものの，依然として多い状態が続いている(厚生労働白書)。自殺防止事業は殆ど民間任せであったが，政府も2006年からようやく自

② 集団本位的自殺（利他的自殺）……献身，自己犠牲の典型的な形態。集団との一体感が強力なためおこる。義務としての自殺。
③ アノミー的自殺……anomie，「アノモス（anomos）」を語源とする。無秩序という意味。つまり欲望が無規制状態に陥ると生じる自殺。→離婚は夫のアノミーを引き起こす。自由な状態のときの自殺。個人の自由があっても，人々はかえって不安定な状態になる。
④ 宿命的自殺……欲望に対する抑圧的規制が強すぎる場合。閉塞感に追い込まれて自殺する。（例：心中）

5．今日のフランス――エリート主義と結婚観

フランスの文化を知るには第５共和制を無視することはできない。第５共和制のド・ゴール（Charles André Joseph Pierre - Marie de Gaulle: 1890 − 1970）大統領によって第五共和制憲法が制定された。この憲法は今日のフランス政治の特徴をつくりだしている。第五共和制はドゴール以降，ポンピドー，ジスカールデスタン，ミッテラン大統領へと引き継がれ，長期にフランスの政治的安定を築いている。第五共和制憲法は，それまで議会と大統領との間の決定の対立でフランス社会の利益を損ねていた経緯から，ド・ゴール大統領が大幅に議会の権限を制限して，大統領の権原を強くした憲法を制定した。ド・ゴールはしばしば暴君と呼ばれたが，今日のフランスにおいて大統領は国家の最高責任者であり，政治，軍事，外交の特権を一手に掌握し，首相は主として内政を担当するという役割分担が政治の安定とバランスをもたらしている。

現在のフランスには，革命を経た経緯で社会の上部の階級である貴族は

殺対策基本法を制定し自殺防止に取り組む姿勢を見せた。フィンランドでは1980年代後半にはハンガリーに次いで自殺率が高かったが，1987年に国の主導で自殺予防プロジェクトを立ち上げ，自治体が中心に実施し，10年かけて自殺を減少させ，社会現象として自殺をとらえることにより，自殺を防止することができた。

存在しない。しかしフランスはリーダーの必要から世界に類を見ないエリート主義の教育制度をもつ国家となった。1717年に設立されたグラン・ゼコール(高等専門学院)はもともと国造りの基本である土木の専門家を養成するために設立したものである。近代建築を建設するための専門家の養成を目指して設立された。現在全国に300ほどあるが，少数精鋭の教育を行い非常に高い教育水準を維持している。ここに入るためには大学入学資格試験(バカロレア)に合格し，リセ(高等学校)に設置されている準備学級で１ないし２年の予備教育を受けた後，厳しい入学試験に合格しなければならない。また，中央政府のエリート官僚になるためには以下の３つの学校を卒業していることが要件となる。国立行政学院(ENA,総理府所管)，高等師範学校，そして理系の理工科学校(エコール・ポリティーク)である。グラン・ゼコールはすべて国立であり，授業料は無料。しかも学生には月額日本円で約12万程度支給される。試験は論述式で，面接では高度な哲学的な思考が問われる。国立行政学院では，学生たちは27ヵ月の授業のうち，最初の一年を地方自治体や在外大使館などで実習することが義務づけられている。

現代のフランスでは男女平等教育が実施され，就業においてもあまり差別はない。政府は少子化の予測をたて，人口減少社会に対応する少子化政策を早くから実施してきた。特にフランスは歴史的にカトリック国として社会的慣習が作られてきたため，結婚に関しては厳格であることが人口減少と結びつくことを予測して様々な結婚の形態を政策的に容認してきた。

1999年に生まれたフランスの赤ちゃんは744,791人で，うち婚外子は全体の41.7％だった。日本の同年の婚外子率が1.6％なので，フランスでは婚外子の割合が高いことがわかる。婚外子はフランスでは非婚カップル家庭のこどもがほとんどである。日本は婚外子というとシングルマザーの子どもをイメージする場合が多いが，そのようなイメージはフランスではほとんどない。これは国によって恋愛や結婚観にかなりの違いがあることを示している。

フランスでは婚姻届けを出さずに共同生活を営むカップルが多く，「夫婦」を名乗る６組に１組は非婚であるといわれている。この比率は都会ほど，そして若い世代ほど高い傾向がある。結婚年齢で見ると，女子26歳以下，男子28歳以下では，非婚カップルの方が多数派である。またフランスでは初婚カップルの90％以上が結婚前に共同生活を始めている。第一子が生まれても婚姻届けを出さない。第二子ぐらいからそろそろ出そうかと考えるのが現代フランスの若者の平均的パターンであり，社会習慣のようである。

それではなぜ結婚制度を取らないのだろうか。考えられる理由の一つとしては,「68年５月革命」（日本の70年代大学紛争時代のようなもの）以来,親からの自立，女性の精神的，経済的自立への意識や行動が進み，若者が自立するのに結婚という制度に頼らなくてもよくなったことがあげられる。またフランスにはカトリック国としての歴史があったため，結婚・離婚という婚姻制度に対する法手続きの厳格さによる弊害も原因している。このような困難さの具体例として，つぎのような規則がある。婚姻には１ヵ月以上居住する市町村の庁舎に，医師の健康診断書を提出，庁舎に婚姻広告を10日間掲示し，庁舎の「婚姻の間」で２～４人の証人のもとに市町村長公開の挙式を経て，結婚手続きに入る。離婚は2004年５月に離婚法が定められて，かなり簡便になったにせよ，合意離婚の場合でも，合意約定書の提出のために裁判所で判事と面接，審理が必要となる。これは日本の手続きからすればかなり厳しい。こうした理由からフランスのカップルの共同生活の形態に様々な方法が生じることとなった。共同生活の諸形態として次のようなものがある。

①　結婚

民法の制度。税法など他の法制度と大きくかかわってくる。財産について（日本とかなり違う）夫婦別財産制を取らない限り，婚姻の後に得た財産は共同。負債も連帯責任。所得税も共同申告（日本は個別）。

②　ユニオン・リーブル「自由な結合」

民法上は独身になるが，市町村の庁舎でユニオン・リーブルの証明書を発行してもらえるところがある。現実の生活の中で様々な保護や特典がある。結婚と同様にパートナーの死亡の時の一時金などが受け取れる。疾病保険，出産保険が受け取れる。この関係で生まれた子どもを認知すれば父親休暇まで認められる。結婚よりも自由な関係なので，負債などの連帯責任は負う必要がない。解消も簡単である。ただし法的な離婚をした場合に受けられる補償はない。

③パクス（「連帯民事契約」Pacte civile de solidariteの略PACS）

1999に整理した法律。同性でも異性でもこの法律の適用をうけられる。共住する地域の小審裁判所へ行き，パクス台帳に登録すればパクス証明書が発行される。被扶養パートナーは，疾病保険，出産保険を受給できる。制限としては，人工生殖は異性カップルのみ認められる。フランスでは2002年末までに72633件のパクスの登録があり，解消率は7.8％で離婚率は38％。パクスの60％が異性カップルである。フランス人の選択傾向は比率的には　結婚130，ユニオン・リーブル25，パクス１　である。日本の結婚観とのちがいはどこにあるかといえば，日本では徐々に変化しつつあるが，伝統的に家庭が社会の基礎単位となっている。それは戸籍を見るとはっきりと理解できる。家族，家の制度的伝統の中に個人が存在しているのが日本の結婚観に影響をあたえる。個人の自立が家族の形成を意味するような慣習的考え方がある。一方でフランスはまさに個人主義の国である。「個人登録簿」が戸籍の代わりになっているので，自立はまったく個人単位で行われる[30]。結婚制度の多様性は個人の自由を重んじる国民性と大きくかかわっている。

30　棚沢直子『フランスにはなぜ恋愛スキャンダルがないのか?』角川ソフィア文庫（1999）

コラム：フランス革命を生きたマリー・アントワネットの専属画家ヴィジェ＝ルブラン

自画像 1790 年

ルブランは1755年４月16日生まれ。彼女が描く肖像画を心から愛したマリー・アントワネットは同年11月２日生まれ。同い年の二人は王妃と宮廷画家という関係以上に親しい友人だった。エリザベート＝ルブランの描くマリー・アントワネットは画家が感じるままに温かみのある美しい女性に描かれ，高飛車なイメージで批判されることの多いアントワネットのイメージとは違う側面を見ることができる。マリー・アントワネットもエリザベートの前では飾らない姿でポーズをとった。「モスリンのシュミーズドレスを着たマリー・アントワネット」(91頁参照)は普段着でくつろぐ優雅で美しい姿が描かれている。王妃がラフな姿を宮廷画家に描かせるのはまれなことだ。二人の信頼関係があるからこそ描かれた肖像画だといえる。この肖像画は高貴な王妃らしくないと批判されながらも，その後，美しい彼女の真似をしてモスリンのドレスを着る淑女が増え，モスリンの薄物ドレスがトレンドとなった。

ルブランは父ルイ・ヴィジェが画商だったので，小さなころから著名な芸術家から絵画の手ほどきを受け，10代のころから肖像画家として生計をたてていた。1774年には正式に組合に入り1776年には上流階級と関係の深い画商のジャン＝バプテスト＝ピエール・ルブランと結婚した。結婚後も彼女の才能を聞きつけた貴族たちの肖像画を描き続け，やがてマリー・アントワネットの専属画家となるため宮廷にまねかれる。1783年にはフランス王立絵画彫刻アカデミーにも入会を果たしている。マリー・アントワネットとは友情を育みつつ，30点以上の肖像画を描くが，フランス革命が勃発すると彼女は娘と共に国外に亡命し，イタリア，オーストリア，ロシアと移動しながら暮らすようになる。

しかしどの国へ行っても彼女の名声は高く，各地で画家として働き，多くの作品を残した。ローマでは作品が絶賛され，聖ルカアカデミーの会員にも選ばれている。イタリア３年，オーストリアのウィーンに１年，ロシアのサンクト・ペテルブルクに６年，ベルリンに１年など，通算すると13年もの間各地を移動しながら肖像画家として生活したルブランは1802年に革命政府が倒れるとやっとフランスに戻り，失った市民権を再び取得する。ナポレオンの全盛期，ルブランはナポレオンの妹の肖像画を描くなど，フランスで再び名声をあげる。たびたびイギリスへ赴き，バイロンなどの肖像画を描き，イギリスで著名になるとナポレオンとの折り合いが悪くなり，スイスに移住する。スイスではジュネーヴ芸術家協会の名誉会員となる。ナポレオンが失脚し，王政復古でルイ16世の弟のルイ18世が即位すると手厚く迎えられ，やっとフランスに安住の地を見つける。しかしナポレオン戦争の後始末でフランスに侵攻したプロイセン軍に家を接収され，夫の死，娘との不仲と娘の死など，苦しい私生活の中でパリへ移り住んで創作活動をつづける。

1842年，パリでルブランは87才で亡くなり，かつてプロシア軍に接収された家の近くの墓地に埋葬された。墓碑銘にはやっと筆をおいたということなのか，「私はここで，ついにやすみます…」と書かれている。彼女は生涯に660点以上の肖像画と200点以上の風景画を描いた。彼女はフランス革命とその後の革命政府，ナポレオンの治世，王政復古をすべて体験し，ヨーロッパ中を職業画家として仕事をしながら自らの生活を自らの力で切り開き，時代を生き抜いた。しかしエリザベート＝ルイーズ・ヴィジェ＝ルブランの美しい絵画は，美しい自画像と共にそのような人生の苦悩を微塵も見せずに今でも人々に華やかで優雅な感動を与えてくれる。まさにプロフェッショナルである。

4章
ドイツ連邦共和国
(Federal Republic of Germany)

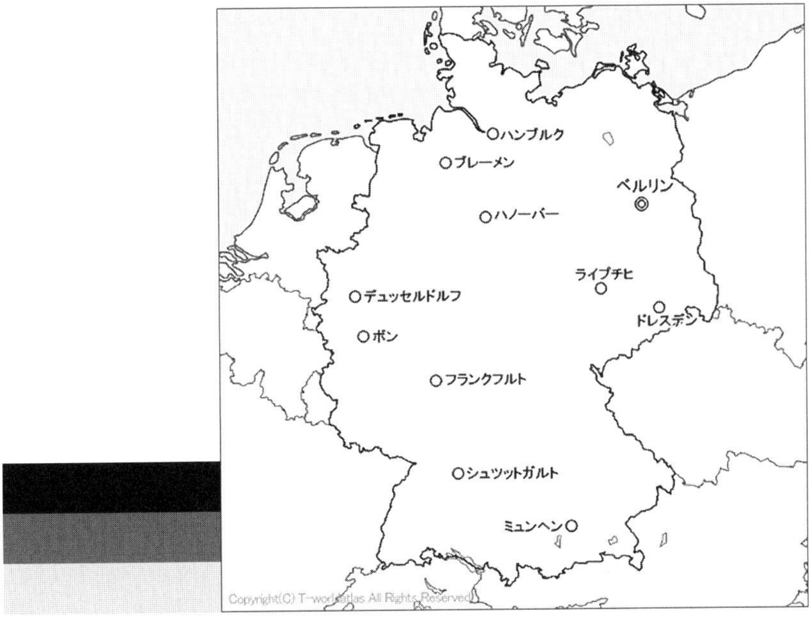

1．自然と民族

ドイツはヨーロッパの中央に位置する連邦共和国で9ヵ国と国境を接し，ヨーロッパでは一番隣国が多い。第二次世界大戦後，ドイツ連邦共和国(西ドイツ)とドイツ民主共和国(東ドイツ)に分断されたが，1990年に再び統一されて現在では16州からなる連邦共和国となっている。各州

(Land)は法人格を持つ地方公共団体ではなく，それぞれが主権を持ち，独自の州憲法，州議会，州政府および州裁判所を有し，合衆国のような形式を有している。今日の州は，ワイマール共和国時代から先の大戦終結前まで(1920年から1945年)の間，連邦州(Bundesstaat)と呼ばれていたためか正式名称とは別にブンデスシュタート(Bundesstaat: 連邦州)と呼ばれることもある。ドイツの国土の面積は35万6978平方キロ(日本の94%)である。このうち森林面積は30%であり，農地，牧草地が55%を占めている。日本と比較すると国土の面積のうち耕地面積の割合がかなり広い。日本は国土の３分の２が森林でおおわれた山岳地帯であり，耕地面積は13.5%にすぎないからだ。人口は8289万人(2018年)で，人種的にゲルマン系90%，トルコ系３%，その他となっている。首都はベルリン。ベルリンの人口は約358万人(2016年)である。宗教についてはドイツ連邦統計庁のデータによればキリスト教カトリック(29.9%)とプロテスタント(28.9%)がほぼ同程度となっている。

ドイツは現代に至るまで河川による流通が盛んに行われている。ドイツの地形と都市を知るには主要な川とその周辺を覚えるとよいと言われる。ゆっくりと流れるドイツの川は昔から重要な交通網だった。ドイツ西部を流れるライン川，全長1320キロの大河である。スイス，アルプスに源を発し，ボーデン湖を経てバーゼルに至り，オランダを経由して北海に注ぐ。ドイツ中央を斜めに横切るエルベ川はチェコとポーランドの国境と接していて，全長1144キロ，ドレスデンを経て北海に注ぐ。ドナウ川はシュヴァルツヴァルトに発し，オーストリアを経て黒海に注いでおり，全長2860キロである。これら３つの川は古くはローマ帝国の侵入からこの土地を守ったとも言い伝えられている。ドイツの土地はやせているために耕作よりも畜産が盛んである。ドイツは11世紀以来の農業革命で積極的に森を切って農地化を図り，さらに30年戦争で国土が戦場となったために多くの森が失われてしまった過去がある。しかしその後積極的に植林を行い，現在では「森の国ドイツ」と言われるまで回復した。知らない人が多いが，ドイツの森は一度枯渇して人の手によって再生した人工林ということになる。トイトブルクの森，ハルツの森，テューリンゲンの森など，森には名前がつけられてドイツの人々に親しまれ，大切に維持管理されている。ドイツの人々は一度枯渇した森林を知っているがゆえに，緑の森や自然に対する愛着が深い。

ドイツと言えば旧石器時代のネアンデルタール人が発見された場所としても有名だ。民族的にも古くからこの地にはゲルマン人が住みついており，ドイツはよく「はじめに民族ありき」と言われる。不思議なことにすぐ隣のフランスにはゲルマン民族は居住しておらず，フランスはローマ人，フランク人，ノルマン人などの混血や，バスク人，ブルターニュ人，アルザス人などが加わり人種のるつぼと化している。それに対してドイツはほぼゲルマン民族のみで形成されている。多民族で形成されるフランスは「はじめに国家あり」という言葉が似合っており，先に述べたように国家としての団結を「美(うま)し国」という愛国心が形成しているからだ。

2．歴史と文化

(1) 宗教改革から三十年戦争まで

長子相続制という制度をとらず，ゲルマン特有の共同統治(分国統治)によってカール大帝(742－814)の死後フランク王国は現在のフランス，ドイツ，イタリアなどの複数の国家に分裂した。カール大帝の後を継いだルートヴィッヒ王が死ぬと843年にヴェルダン条約で遺子ロタール，ルートヴィッヒ，カールの３人が相続し，フランク王国が正式に分割される。そのうちの東フランク王国が現在のドイツの原型となった。919年ザクセン公のハインリッヒが国王となりザクセン朝が始まると，国王はキリスト教徒との結びつきを強めた。962年にオットー１世(936－973)はアウグスブルク近郊に攻めてきたマジャール人(ハンガリー人)を撃退したことでローマ教皇からローマ皇帝の冠を授けられた。その後オットー大帝の帝国は「ドイツ国民の神聖ローマ帝国」として承認され，ローマ帝国を継承する緩やかな連合体が形成された。しかしサン・ピエトロ寺院を改修しようと考える教皇レオ10世(1475－1521)の命による贖宥状(免罪符)の搾取的な政策に苦慮することになる。

1517年マルチン・ルター（Martin Luther: 1483－1546)は，贖宥状に疑問を感じ，贖罪の効力についてドイツの教会が神学的討論会を開催してくれることを期待して，ヴィッテンベルク(Wittenberg)城の教会の扉に「95箇条の提題」をラテン語で掲示した。ルターは中部ドイツのアイスレーベンに生まれ，エルフルト大学で法学を学び，修道院に入り，1512年ヴィッテンベルク大学の聖書学の教授に就任した。ルターは聖書研究を通じて，「人は信仰のみによって救われる」という「信仰義認説」に到達していたので贖宥状という免罪符の購入によって罪が許されるという安易な考えを認めることができなかった。教皇庁では当時，サン・ピエトロ聖堂の再建を目的とした資金集めの一環として贖宥券を発行し，ドイツの教会にノルマを課していた。ルターは1520年に後の宗教改革の三大文書とされた『ドイツのキリスト者貴族に与える書』『教会のバビロン捕囚』『キリスト者の自由』という本を出版して純粋な信仰にもとづく自己の信念を主張した。

ルターが予想しなかった事態が生じたのは，わざわざ聖職者以外の人に悟られないようにラテン語で教会の扉に張り出した『95箇条の提言』がドイツ語に翻訳され，人々に伝えられたことだ。ローマ教皇レオ10世はこれを理由にルターを破門した。さらに1521年に開かれたヴォルムスの帝国議会において，ルターがこうした自分の行為を取り消す意思のないことを宣言すると，さらに帝国からの追放を言い渡された。しかしザクセンのフリードリヒ賢公はルターを保護し，ヴァルトブルク城にかくまった。ルターはかくまわれている間に聖書のドイツ語訳や，民衆が歌えるドイツ語の讃美歌などを創作し，福音主義の立場でキリスト教の改革を推進した。皇帝カール５世と司教は，ヴォルムスの勅令の実施を宣言したが，ルター派についた諸侯たちが抗議し，これによってドイツにおいてルター派のプロテスタント(新教)が生まれた。

ルターと並び称されるのが宗教改革者のカルヴァン(Jean Calvin: 1509－1564)である。北フランスのノワイヨンに生まれ，オルレアン大学で法学を学び，1534年『キリスト教綱要』を完成し，翌年ジュネーヴで福音主義に基づく教会の建設を始めた。カルヴァンの教えは予定説と呼ばれ，人は救われるかどうかは神の自由な意志によってあらかじめ決められているというもので，そのために人は神の呼びかけに応じてひたすら勤勉に働くことが大切であると説いている。これがプロテスタントの職業観(職業使命観)としてカトリック国以外のヨーロッパ諸国に普及していく。こうしたカルヴァンの思想はカルヴィニズムと呼ばれて，特にイギリス，フランス，オランダなどのプロテスタントの多い都市の新興市民層の精神的支えとなり，市場経済の担い手たちに大きな影響を与える。カルヴァン派は各地に教会を設立して組織的に伝道することを信条とし，イギリスのスコットランドでは長老派，イングランドではピューリタン，フランスではユグノーなどその普及した先々で様々な名称でよばれた。

ドイツにおける一連のルターの宗教改革の結果，1555年，アウグスブルクの宗教和議でひとまず決着するが，新教，旧教の対立はオランダやスペインが介入することになって国家同士の問題となる。やがて国際的な対立となり，これを契機に世界で最初の国際戦争と称される三十年戦争に突入した。

(2) 三十年戦争（1618～1648）

三十年戦争は30年間絶え間なく続いたのではない。数ヵ月から2年程度の小康状態を挟んで断続的に30年間継続した戦争という意味である。当時はほとんどの軍隊は長期間統制することができない傭兵によって賄われており，国王直属の常設軍隊はほとんどなかった。また，長期の戦争を継続することは国家財政を圧迫するので，まるで息切れするように戦争が中断されることがしばしばだった。

この戦争は4つの段階に分類できる。そして後になるほど凄惨さを増していった。それはハプスブルク家の隆盛に警戒する他国の思惑とも関係した。4段階にわたる戦争はそれぞれハプスブルク帝国に対抗する勢力，ないしは国家の名前をとって次のように呼ばれている。第1段階として，ボヘミア・ファルツ戦争(1618年－1623年)，第2段階として，デンマーク・ニーダザクセン戦争(1625年－1629年)第3段階として，スウェーデン戦争(1630年－1635年)，最後に第4段階として，フランス・スウェーデン戦争(1635年－1648年)である。三十年戦争は当初は宗教闘争に名を借りた民族対立の様相を呈していたが，戦争の第2段階から徐々に国家間の権力闘争の側面が露わになり，ヨーロッパにおける覇権を確立しようとするハプスブルク家と，それを阻止しようとする勢力間の国際戦争として展開した。ボヘミアとファルツ(pfalz)の新教勢力鎮圧によって新教連合が解体され，ハプスブルク家による新教派弾圧と強圧的なカトリック化政策がドイツ全域に及ぼされるに至って，イングランド，デンマーク，スウェーデンなどの新教派諸国が反ハプスブルクの旗印の下で干渉の動きを示すようになった。この反ハプスブルク勢力の中には，カトリック教国であるフランス王国も加わっていた。ブルボン朝の支配を確立し，フランスの勢力拡大をねらう宰相リシュリューは，デンマークとスウェーデンのドイツ情勢への介入を裏で手引きした。大国の思惑によってドイツの小国，民衆は振り回され，激しい戦闘によって国土は荒廃した。この結果はドイツにとって悲惨なものだった。およそ300に及ぶ領邦国家の分立状態が生じたからである。小国の分立により国力は衰え，神聖ローマ帝国は，この後も1806年にナポレオン・ボナパルト(ナポレオン1世)によって滅ぼされるまでの間存続し，実体のない名ばかりの国家として生き続けた。そしてオーストリア・ハプスブルク家は，帝位は保つが，実態としてはドイツ王ではなくオーストリア大公であり，後にオーストリア皇帝として18世紀，19世紀を生き延びることになる。

さらに長期間にわたる戦闘や傭兵による略奪でドイツの国土は荒廃し，流行していたペスト(黒死病)の影響で人口は激減し，経済にも多大なマイナスの効果を及ぼした。伝統的な封建階級は没落し，代わってユンカー層など新たな階層が勃興する契機となり，領邦各国が絶対王政的な主権国家化した。このような中，求心力を弱めたハプスブルク家に代わりホーエンツォレルン家が台頭し，ドイツ民族の政治的重心が北上し，後世のドイツ統一における，小ドイツ主義の萌芽が生まれる。

(3) ワイマール共和国から第三帝国（ナチス独裁）の崩壊まで

第一次世界大戦は1914年6月オーストリア・ハンガリー帝国の皇太子がボスニアのサラエボで暗殺されたことによって勃発した。ドイツやオーストリアなどの同盟国はスラヴ民族主義のセルビアとその背後にいるロシアを叩こうと戦争を始めた。しかしフランス，ロシア，イギリス，日本などの連合国との戦争が長期化し，1917年にドイツが無制限潜水艦作戦を始めると，中立を守っていたアメリカもドイツに参戦して連合国側に加わった。1918年にドイツで革命がおき，ウィルヘルム二世がオランダに亡命すると，ベルリンで「ドイツ共和国」の発足が宣言された。ただちに休戦協定がとられて第一次世界大戦は終結した。

1919年1月，国民議会がワイマールに招集されて，新しい憲法，「ワイマール憲法」が制定された。この憲法は国民主権，人身の自由，集会，結社，表現の自由など自由だけでなく，労働権や社会権なども定められた近代的な内容となっており，大統領は国民の直接選挙で選ばれ，首相任免権や非常時の緊急立法権なども定められていた。国会は20歳以上の男女の普通選挙で選出され。政府は議会の信任を必要とした。また国民の直接の発議による立法なども認められており，ワイマール憲法は史上初の最も民主的な憲法だった。

しかし，連合国との講和条約の中で制裁的な考えによる天文学的数字の巨額の賠償金が要求されたことにより，共和国の政情は極めて不安定な状態となった。当時賠償金額策定はイギリス大蔵省A課が担当していた。担当官僚で後に有名な経済学者となるジョン・メイナード・ケインズ（John Maynard Keynes: 1883 − 1946）は敗戦国ドイツの賠償金支払い能力は楽観的に見積もっても30億ポンドに過ぎないという報告書を提出していた。にもかかわらず，各国首脳は240億ポンドという支払い能力をはるかに超える賠償金額を決定した[31]。1929年の世界恐慌の影響もあって，工業生産は前年度の３割以上も減少，約300万人に及ぶ失業者が生じた。こうした混乱の中から台頭してきたのがナチス(国民社会主義ドイツ労働者党)だった。

1930年９月ナチスは107名の議員を国会に当選させ，社会民主党に次いで第二党となった。1932年７月の選挙では第二党に100席もの差をつけて第一党になった。ナチスの指導者であるヒトラー（Adolf Hitler: 1889－1945)はオーストリアのブラウナウに生まれ，若い時には画家を目指していたが，かなわず，第一次大戦後右翼の小さな政党「ドイツ労働者党」に入党し，これを「国民社会主義ドイツ労働者党」に発展させた。1923年ヒトラーはミュンヘンでの武装蜂起に失敗して禁固５年の刑に服した。この時獄中でまとめたのが著書『我が闘争』である。その後方向転換して，選挙による合法戦術で党勢の拡大を目指した。ナチスの掲げた政策は徹底した現状批判とすべての社会層が調和して暮らせる理想社会としての「民族共同体」だった。この民族とはゲルマン民族のことである。

1933年，ヒトラーはマルクス主義と民主主義の撲滅を宣言して権力を手中に収めるや否や反対勢力の撲滅に取りかかった。ヒトラーがドイツ帝国の首相になったとき，ドイツには600万人の失業者がいた。わずか３年後の1936年には表面的には完全雇用が達成されていた[32]。ドイツ人は彼をたたえ，ヒトラーに鞍替えした。ハフナーの『ヒトラーとは何か』(1978, 赤羽訳　草思社)によれば，この経済的な「奇跡」の後で，ヒトラーはドイツの再武装と軍備の拡大を目指したとしている。

ヒトラーは景気浮揚，失業者減少政策を成功させて国民の支持を受けた

31　主張が受け入れられなかったケインズは大蔵官僚を辞し，『平和の経済的帰結』(*The Economic Consequences of the Peace*：1920)を書いて、政治的な平和協定がヨーロッパの経済に与える影響を主張した。

32　完全雇用とは就労希望者全員が就労を達成することだが，ヒトラーは雇用の拡大にも努めたが，女性の就労者に結婚準備金を渡し，家庭に入ることを奨励した。これは就労希望者の絶対数の減少であり，家庭に入った女性たちの就労先を男性労働者に与えることで，就労先の拡大にもなり，完全雇用に向けての二つの効果があった。

が，その方法は主としてアウトバーンの建設などの公共事業と，女性労働者の結婚退職促進策だった。1929年以来の世界大不況の時代の経済政策としては，この政策はアメリカのニューディール政策と同様に妥当なものだった。しかしそれによって権力を得るとラジオなどのメディアを利用した他政党への妨害や，集会への妨害，さらに国会において「全権委任法」の可決，そしてヒンデンブルク大統領が死去すると，首相の座にあったヒトラーは首相と大統領職を一体化した総統兼首相として独裁権を手にした。さらに第三帝国（神聖ローマ帝国，1871年のドイツ帝国に次いで，三番目の帝国と言う意味）の国家元首となったヒトラーは，ナチス内部の突撃隊の指導者レームとの意見の違いからナチス政党内の政敵を80名以上殺害した。しかし国民からは暴力的な政敵を抑えたということで，逆に支持を得てますます権限を得ることになった。独裁者となったヒトラーは「ヨーロッパにおけるユダヤ民族の絶滅」を命令し，少なく見積もっても400万人，多く見積もると600万人もの罪のない人々の殺戮を実行した。1939年にはユダヤ民族だけでなく，ドイツにおける病人約10万人が「無駄飯食い」として殺され，次いで約50万人のジプシー，さらにポーランドの指導者が大量殺戮された。ポーランドの女性経済学者，ローザ・ルクセンブルクもこの時殺害され彼女の遺体はいまだに発見されていない。ヒトラーは1945年，戦局が不利になると総統命令「ライヒ領域における破壊作戦に関する命令」，いわゆる「ネロ命令」とよばれる，敗戦の際には焦土作戦令を出して国内の道路や橋などのインフラや資本，産業設備をすべて破壊するように指令したが，建築家で軍需相だったアルベルト・シュペイア（Albert Speer: 1905 – 1981）がドイツの戦後復興の妨げになると考え，内密にある程度の産業保護を行うことに成功した。

1938年にヒトラーはオーストリアに進駐して併合し，10月にはチェコスロバキアにズデーテンの割譲を約束させた。1939年にポーランドに侵攻，９月にイギリスとフランスが参戦し第二次世界大戦となった。1940年５月にオランダ，ベルギー，ルクセンブルクを占領。フランスに侵攻し，パリが陥落，６月にフランスが降伏した。1941年日本軍が真珠湾攻撃をすると同盟国ドイツもアメリカに宣戦布告した。1943年にソ連のスターリングラードの戦いで敗れ，1944年６月にイギリスとアメリカの連合軍がノルマンディー上陸作戦に成功。1945年イギリス，アメリカ連合軍がライン川をこえ，ソ連軍がベルリンに侵攻した，４月ヒトラーは自殺し，５月８日，ドイツは連合軍に無条件降伏し，第三帝国は崩壊した。この戦争によるドイツ人の死者は約500万人でそのうち民間人は約50万人と推定されている。ドイツは第二次世界大戦を引き起こした代償として，国を二分され戦争責任の追及とナチズムの克服という大きな課題を負わされた。

３．その後のドイツ・ドイツ再統一

現代の我々が1990年のドイツの統一が再統一だというと意外な感じを受けるかもしれないが，ヨーロッパ史では普通のことである。ヨーロッパにおいては，ドイツが30年戦争によって国土が分裂されたのち，1871年の普仏戦争後に成立したドイツ帝国をドイツ統一ととらえるのが一般的だからである。従って1990年の統一はドイツ再統一ということになる。

第二次世界大戦後，ドイツはポツダム協定によってアメリカ，イギリス，フランス，ソ連の４ヵ国によって分割統治されることになった。またベルリンは４ヵ国の共同管理下におかれた。1949年９月，ボンを首都とする「ドイツ連邦共和国」（西ドイツ）が，同年10月には「ドイツ民主共和国」（東ドイツ）が発足し，二つの独立国家が成立した。1961年８月東ドイツは東西ベルリンの境界線に壁を築いて東西の交通を遮断した。この壁によって東西のベルリンは分断された。

1980年代になると，アメリカとソ連の冷戦が激化し，核ミサイルが東西ドイツに向けられた。両ドイツは同じドイツ人としての「運命共同体」の自覚が高まり，関係改善をめざすようになった。当時東ドイツではソ連型の「計画経済」の限界が表面化し，産業資源の枯渇，生産性の低下，環境破壊が市民生活を深刻な状況に陥らせていた。東ドイツの指導者たちは経済改革を怠り，東ドイツの国民に絶望感が広がっていた。多くの東ドイツの人々が国外脱出を希望して東欧諸国の在外公館に殺到した。ハンガリーではそうした現状を憂慮する人々が様々な援助を試みた。その一つがハプスブルグ家の末裔であるオットー・フォン・ハプスブルク(Otto von Habsburg: 19012－2011)を中心に「汎ヨーロッパピクニック」というイベントである。これは西ドイツに移住したい東ドイツ市民を招待する政治集会をハンガリーで開き，ハンガリーとオーストリアの国境線でピクニックをするというものだった。しかしそれが大量の亡命を手助けすることになった(ピクニック事件)。これによって1000人以上の東ドイツ市民が西ドイツに亡命した。1989年ハンガリー政府は，結局西ドイツへの出国を希望する東ドイツ人に出国許可を与え，東欧の民主化の波に乗ってオーストリアとの間の鉄条網の壁も取り払った。このようなことからワルシャワとプラハを経由した出国者は89年だけでも6万人に達した。東ドイツでは民主化を求める市民運動がおこり，100万人規模のデモがおきた。ドイツのホーネッカー書記長は退陣し，次のクレンツ書記長も市民の改革を求める動きを制御することができず，旅行法の改正によって国民の出国規制の緩和をはかり，不満を解消しようと考えた。しかし報道官のシャボウスキーはこれから閣議にかけるべきこの法案を，誤って400人の報道記者の前で発表したため，即時出国規制が解消されたと勘違いされて，突如ベルリンの壁の門が開かれ，東西の行き来が自由になった[33]。

その後東ドイツは空洞化し，一党独裁の社会主義政治は終焉をむかえることになった。西ドイツはドイツ基本法23条の手続きより，東ドイツの5つの州を西ドイツに加入させることで現状としての統一という形態を平和的にとりはかり，アメリカをはじめとする西側，ソ連などの東側陣営もそれを認めた[34]。

33　https://www.youtube.com/watch?v=AyyR6HPe7no
(2分でわかるドイツ再統一)

34　現在ドイツ共和国は新憲法を制定せず，西ドイツのドイツ基本法を現憲法に定めているが，その理由は146条に明記されるような再統一をもって新憲法を定めることになっているためである。ドイツ共和国の見解では今回の統一は

コラム：　若きアンゲラ・メルケルのエピソード

当時東ベルリンの学術アカデミーに勤務する女性物理学者だったアンゲラ・メルケル(Angela Dorothea Merkel: 1954－)は，夕方のテレビニュースで出国のビザ規制が大幅に緩和されることを知った。彼女は友人と共に近くの国境ゲートに行き，ゲートが開いた後に歓呼の中で西へ雪崩込む人波とともに西ベルリンに初めて足を踏み入れた。彼女はもともとハンブルクの生まれだった。ようやく西に入った彼女はハンブルクに住む叔母に公衆電話から電話しようと思った。しかし公衆電話が見つからずに諦めかけたとき，見ず知らずの西ベルリンの一家に会い，その家の居間から電話をさせてもらったという。彼女はこのときの体験によって劇的に人生が変わったと回顧している[35]。その後メルケルはCDU（キリスト教民主同盟）の大会に参加し，コール首相(Helmut Josef Michael Kohl: 1930－2017)と出会い彼の政治にかかわり，「コールのお嬢さん」と呼ばれるほどのブレーンとなった。1990年10月故郷から出馬して当選。第４次コール内閣で女性・青年相に抜擢された。2005年９月　連邦議会選挙の結果，CDUとCSU（キリスト教社会同盟）・SPD(社会民主党)の３党の大連立によってアンゲラ・メルケル(1954－)は首相に就任した。51歳での就任は歴代最年少だった。就任直後に「両親手当」を法案化し，育児のために一年間休職する親の収入の補填を行い，子どもの出生を促した。対外的にもアメリカ，ロシアと積極的に外交を繰り広げ，隣国フランスとは緊密な関係を築いている。難民問題では苦慮したが，連邦制改革，官僚主義の打破，エネルギー政策，少子化対策，健康保険改革などで実績をあげた。

アンゲラ・メルケル

再統一ではなく，東ドイツが内部的に崩壊して，西ドイツに吸収されたとしているため，ドイツは新憲法を作っていない。

35　川口・マーロン・恵美『ベルリン物語』

4．今日のドイツ――自然保護と環境問題の先進国

現在ドイツには多くの森があり，自然豊かで人々は森を愛している。しかし，こうした自然はドイツ人たちが手を入れて作り上げてきたものである。紀元1000年ごろ，ゲルマン民族が狩猟から農耕に生活を変化させたころ，ドイツにはナラ，ブナ，モミ，クリなどのうっそうとした深い森が果てしなく続いていた。しかし彼らが定住すると農業革命がおき，森は畑へと姿を変えた。30年戦争で国土は荒れ，その後の産業化で森は壊滅状態となり，人びとは自然保護への関心をつよく持つことになった。森の復活は一度失った森を大切に思うドイツ人たちの経験からもたらされている。

また第二次世界大戦後，西ドイツは急激に復興し，1950年ごろから高度成長期を迎えると大量生産，大量消費によりゴミが増え環境汚染が深刻な問題となった。1971年に連邦環境計画が制定され環境政策の骨子，「３つの原則」が示された。「予防の原則」「汚染者負担」「協力の原則」である。1980年代になるとシュヴァルツヴァルトの森の枯死が顕在化し，人々の環境問題への関心がさらに強くなった。1983年，連邦政府の選挙で「緑の党」が圧倒的に勝利した。1986年にチェルノブイリの原発事故がソ連でおきると，ドイツにも一部被害が及び，また翌年の1987年，スイスのバーゼルの工場火災でライン川が汚染され深刻な問題となった。

ドイツ人たちにとって環境問題は生活に密着したものである。多くの環境破壊の諸問題に直面したからこそ現在の環境大国としての自負が生まれた。ドイツは第一級の神学者，哲学者，言語学者，物理学者，化学者などを数多く輩出してきた。彼らは散策によって思索を深め思考を高めた。散策をしながら自然に触れ，森を散歩して思索や瞑想にふけることはドイツの文化である。「ドイツ的なもの」として「散策文化」がある。哲学者カントは，毎日決まった時間に散策に出かけた。周りの人々はカントが散歩に出たことで時間を知ったという。ただしルソーの『エミール』を読んだときにはカントも夢中になって散歩の時間を忘れたという。

イタリア人ジャーナリストのパルジーニはドイツ人のことを「変幻自在のドイツ人」と称している。著書『ヨーロッパ』(浅井泰範訳　みすず書房)の中で，ドイツは堅固な外観とは全く異なり，変幻自在のプロテウスのような国であると述べている。ギリシャ神話に出てくる預言者プロテウスは束縛されたときだけことの成り行きを明らかにし，預言する。しかしプロテウスを束縛するのは大変である。彼は変幻自在に，吠える獅子，おとなしい羊，小川，焚火にもなる。パルジーニによれば19世紀のドイツは平和な理想郷のように見えたが，ビスマルクによる統一で情け容赦ない兵士へと変化したという。第二次大戦後のドイツはアメリカを模倣してきた。しかし現在ドイツはアメリカから離れて隣国フランスとの協調を重視する。バルジーニによればドイツはまさに「ヨーロッパの心臓」であり，これからも変化し，それが今後のヨーロッパを動かす原動力になると考えられるのである。

第5章
イタリア共和国
(Italian Republic)

1．自然と民族

イタリアは，ドイツと同様に長い間小国に分裂していたが，1861年にサルディーニャ王国によって統一され，イタリア王国となった。その後1922年にファシスト党のムッソリーニ(Benito Amilcare Andrea Mussolini: 1883－1945)が政権を取るとドイツ・日本・イタリアの日独伊防共協定

（枢軸同盟）を結んで，ドイツと共に1941年にアメリカに対して宣戦布告し，第二次世界大戦を戦った。しかし敗戦色が濃くなった1943年になるとバドリオ将軍（Pietro Badoglio, duca di Addis Abeba: 1871 − 1956）のクーデターがおきてムッソリーニが失脚し，バドリオ新政府ができる。バドリオ新政府は秘密裏に日独伊の枢軸同盟を破棄し，連合国側に転向した。一方北部のサロにドイツの傀儡政権「イタリア社会共和国」ができ，ドイツの特殊部隊によって助けられたムッソリーニが復帰すると両陣営は対立し，内戦状態となった。ムッソリーニはドイツの協力を得て，ローマを占拠したので，新政府，バドリオ政権は南イタリアへ逃れた。日本に対しては，ドイツが降伏した後の７月15日に日本に対して宣戦布告をして，戦後賠償も求めている。戦後イタリアは1946年に国民投票で王政が廃止され，共和国となった。サルディーニャ王国は枢軸国として戦争協力をしたので国王はスペインへ亡命した。しかし最終的にイタリアは敗戦国にならず，戦勝国であったので王国軍はそのままイタリア共和国軍として維持されることになった。

イタリアの国土面積は301.341平方キロメートル（日本の約75％），人口6060万人（2018年，日本の約半分），首都はローマで人口は約286万人（2014年）である。国内に61.2平方キロのサンマリノ共和国と0.44平方キロのヴァチカン公国というミニ国家を包含する。イタリア共和国憲法では歴史的地域性を考慮した20の州に大幅な自治がみとめられている。主要な都市にミラノ，ナポリ，トリノなどがある。トリノはサルディーニャ王国の首都だった。イタリアの原住民はイタリキという民族であり，紀元前1500年ごろから住み着いたとされる。その後小アジア系のエトルリア人が住み付き，ギリシャなどと貿易を始めた。イタリキの一族はラテン人であり，ラテン人が都市国家ローマを建設した。

イタリア半島の中央には８世紀ごろからローマ・カトリック総本山の教皇が所領する教皇領がある。信仰の対象であるキリスト教は本来所領を持たなかったが，キリスト教がローマ帝国の国教になると，ローマ教会はその一帯を「聖ペテロの遺産」として所領を認められた。教皇領の発端はフランク王国のピピンが756年にランゴバルド王国から奪い取って寄進した北イタリアのラヴェンナ地方が最初である。その後もカロリング朝においても寄進が行われ，最盛期には中部イタリアを中心に広大な教皇領を形成した。教皇領においてローマ教皇は世俗の国王や領主と同様の政治や経済的な権限をすべて持つことができた。近代においてイタリア統一運動がおき，イタリア王国が成立すると教皇領は併合され消滅したが，その後ムッソリーニとヴァチカンを国家として認めるラテラノ条約が結ばれて現在のヴァチカン市国がうまれた。

イタリア人は古代ローマ人の血をひくイタリア民族が主流である。イタリアの人種構成は複雑だがイタリアの原住民のイタリキがイタリア半島に移住してきたのは紀元前1500年から1000年ごろのことである。伝承によればローマ人はトロイア戦争で負けたアイネイアースらの子孫ともいわれ，紀元前753年にロムルスとレムスによって建設された。初代ローマ王ロムルスは王政を敷いたが,509年に共和制ローマが誕生した。「パトリキ」(元老院・貴族)と「プレブス」(民会・市民)の二つの統治組織によって運営された。紀元前３世紀半からほぼ１世紀の間続いたポエニ戦争でローマはフェニキア人(Phoenicia)の植民都市のカルタゴ(現在のチュニス近く)と対決し勝利した。

フェニキア人はセム系語族に属し，エーゲ文明が衰退した後に地中海貿易で栄えた民である。交易活動に便利なようにフェニキア文字を考案した。この文字は現在のアルファベットの元になっている。彼らはイスラエルの民と同様にヒッタイトやエジプトの滅亡によって東地中海地域で自立することができた民だった。フェニキア人は東地中海沿岸から交易をしながら都市を築き，交易の基地としていった。主な特産品はレバノン杉と言われる杉材であり，彼らもレバノン杉で作った船で地中海の貿易活動を行っていた。フェニキア人は　植民都市をシドン，テュルス，キプロス島などに建設したが，アッシリア帝国の進出によって徐々に征服され，北アフリカのチュニジアに建設されたカルタゴが有力な植民都市となった。イベリア半島のガディス，バルセロナなどにも基地となる都市を建設した。

紀元前４世紀にはマケドニアのアレキサンドロス大王によってフェニキア人諸都市は征服され，その後セレコウス朝シリアが支配してフェニキアの都市の繁栄は失われた。カルタゴは西地中海を支配する通商国家として永く繁栄していたが，ローマとの間で戦争になるとシチリア島，サルディーニャ島，コルシカ島，ヒスパニアなどの領地を次々とローマに奪われて，最終的にカルタゴも破壊されて滅んだ。これによって紀元前１世紀，ローマは全地中海の覇者となった。フェニキア人はローマ帝国に滅ぼされた民であるため，ローマ人の視点から野蛮な民族として描かれることが多いが，ヨーロッパ地域の形成に大きな影響力があったことはギリシャ神話に出てくるゼウスに略奪され，ゼウスの子を生むエウロパがフェニキア王アゲノールの娘であったことから推察され，ローマ史上最強の敵として後世まで語り伝えられる戦術家ハンニバル・バルカ（Hannibal Barca: BC 247－183頃）も有名である。

２．イタリア・ルネサンス

ルネサンスは古代ギリシャ，ローマの文化の「再生」を意味するフランス語で，イタリア語ではリナシメントという。古代ギリシャ，ローマ文化を再生しようという運動はそれ以前にもあり，「12世紀ルネサンス」「カロリング朝ルネサンス」などがある。

イタリア・ルネサンスは14世紀ごろフィレンツェで始まり，15～16世紀ごろにフィレンツェ，ローマ，ヴェネチアなどに広がり全盛期を迎える。またアルプスを超えてヨーロッパに広がった文化的・社会的な運動を意味する。ルネサンスという言葉を歴史上の時代区分に使用し，普及させたのが，スイスの文化史家ブルクハルト（1818－1897）の『イタリア・ルネサンスの文化』（1860）である。その特徴は世俗主義，合理主義，個人主義という言葉で示されるようなそれまでの中世の世界観や人間観に大きな変化を与えるものだった。

フィレンツェはトスカーナ平原にある都市で，トスカーナ州の州都である。国内交通の要衝で，アルノ川が潤す肥沃な平野に位置する。フィレンツェは東方貿易も盛んな商業都市であり，自治都市として毛織物や金融業で12世紀ごろから栄えてきた。14世紀ごろからメディチ家の富がこの都市を支え，特にコジモ・デ・メディチ（Cosimo de' Medici: 1389 – 1464）は多くの芸術家を保護した。その孫のロレンツォ・デ・メディチ（1389 – 1464）は祖父や父の後を受けて芸術家や建築家を保護したが，その保護は政治的な目的のためだった。彼はフィレンツェを繁栄させることで，金融の中心地としてフィレンツェ共和国の通貨，フローリン金貨を全世界に流通させ，世界貿易をすることに成功した。フローリン金貨は金の含有量が安定しており，その後の貨幣経済の基礎を築いた。

フィレンツェ出身の詩人，ダンテ（Dante Alighieri: 1265 – 1321）は市の執政官になったが，権力の座を追われ，亡命の旅の中で『神曲』を執筆した。華やかなルネサンス期，初期ルネサンスを代表する画家のジョット（Giotto di Bondone: 1266頃—1321），「万能人」と呼ばれたレオナルド・ダ・ヴィンチ（Leonardo da Vinci: 1452 – 1519）やアルベルティ（1404 – 72），ボッティチェッリ（Sandro Botticelli: 1445 – 1510）やミケランジェロ（Michelangelo di Lodovico Buonarroti Simoni: 1475 – 1564），ラファエロ（Raffaello Santi: 1483 – 1520）などが活躍した。

3．イタリアの食文化

イタリア人は独自の食文化を持っている。11 ～ 12世紀ごろにパスタが考案されて，現地の作物トマトやオリーブオイルと組み合わされてイタリア料理は発展した。パン，パスタ，オリーブオイル，を基本に肉，魚，野菜をうまく組み合わせてバランスの良い料理が作られた。それはイタリア人のソウルフードであり，食は何よりも生活の中で優先されてきた。

ところが，1960年代になると，アメリカで主流の化学肥料を多用した画一的な大量生産の食材がイタリアにも入るようになった。食に対してこだわりのあるイタリア人はそれをイタリア文化の崩壊ととらえ，それを阻止しようとスローフード運動がはじまった。この運動はイタリアの食文化の影響を受けて，同じく食にこだわるフランス人をも巻き込み，世界中へ拡大した。

アメリカの有名なハンバーガーチェーンがローマの人々の誇りでもあるスペイン広場の階段の下に，古いローマの建築物に不似合いな派手な色調のハンバーガー店を開店したのは1986年５月だった。世界中からやってきた観光客が階段の下でハンバーガーを買って，あの「ローマの休日」の映画でオードリー・ヘップバーン(Audrey Hepburn: 1929 − 1993)が駆け下りたスペイン広場の階段で食べ，ゴミと食べかすを散乱させながら移動するということは，ローマの人々の美意識とプライドを大いに傷つける行為だった。すぐに「ファストフード反対運動」がおきた。それを契機にイタリアでは自分たちの食文化を大切にしようという「スローフード宣言」が作成され，「スローフード運動」が，北イタリアの小さな都市，ピエモンテ州のブラを中心に広がった。それは「食」を，ただ食欲を満たすものととらえず，一つの文化としてとらえるイタリア人の美意識であり，食生活を大切にするイタリア人のこだわりでもあった。現在では世界中に拡大したスローフード協会の支部は，NPOであり非営利団体であるが，食文化のボランティア団体でもある。『スローフード宣言』は次のように述べている。

「我々の世紀は，工業文明のもとに発達し，最初に自動車を発明することで生活の形をつくってきました。我々はみんながスピードに束縛されて，我々の慣習を狂わせ，家庭のプライバシーまで侵害し，”ファストフード”を食することを強いる”ファストフードライフ”という共通のウィルスに感染しているのです。……我々の反撃は”スローフードな食卓”から始めるべきでしょう。是非郷土料理の風味と豊かさを再発見し，かつファストフードの没個性化を無効にしようではありませんか。スローフードはよりよい未来を約束します。スローフードは，シンボルであるカタツムリのように，この遅々たる歩みを国際運動へと推し進めるために，多くの支持者たちを広く募るのであります」（島

村夏津 訳）

スローフード運動は，世界中を襲っている味の画一化・均質化に反対して，質の良い食品と素材を提供してくれる小生産者を守り，子どもを含め消費者全体に味の教育を進めることを具体的な目標にしている。スローフード運動と類似したものとして，有機農業があるが，イタリアでは有機野菜として認定されるためには非常に厳しい基準に合格しなければならない。このような自然食志向は，最近の農薬に対する警戒心や狂牛病に対する危機感などに由来すると言われている。現代では世界中の多くの人々が安心，安全な食を求めるようになりつつある。スローフード協会はこうした要求にこたえることをミッションとして，次のように説明する。

> 私たちはすべての人が喜びという基本的権利と，それに付随する責任を持っていると考えます。それは食の遺産を守り，その喜びを実現してくれる伝統と文化を守る責任です。私たちの運動はエコ・ガストロノミーという概念のもとに作られました。それはお皿と地球が強く結びついていることを再認識することです。スローフードとはおいしく，クリーンで公正な食べ物のことです。私たちは食べ物はまずはおいしくあるべきだと考えます。または環境や動物の福祉，我々の健康を害さないクリーンなものであるべきだと考えます。そして食品生産者が，その仕事に見合うような 公正な賃金を受け取るべきだと考えます。我々は自らを消費者ではなく「共生産者」であると考えます。自分たちの食がどのように生産されるのかという情報をきちんと得ることで，そして生産する人を積極的に応援することで，私たちは生産プロセスにおけるパートナーになるからです[37]。（スローフード・インターナショナル／ミッション）

37　https://www.slowfood.com/about_us/jap/01.html

4．今日のイタリア――工芸とデザインの先進国

イタリアは2011年に統一150周年を迎えた。イタリアといえば，やはり人々はローマ帝国を連想する。多くの人々は何千年もの歴史ある古くて巨大な国家というイメージを持つが，実はイタリアが国家として統一されたのは1861年のイタリア王国の成立からである。現在の首都はローマだが，その時の首都はトリノだった。だからトリノのあるイタリア北部は，今でも新生イタリアをリードするさまざまな企業が集まり，イタリア文化の発信地になっている。イタリアは第二次世界大戦後に国民投票によって共和制になった。現在は，国家元首は共和国大統領が代表し，行政は首相と内閣が統括する近代国家である。戦後はアメリカを中心とした西側諸国に属し，現在は先進国首脳会議(G8)の一員である。イタリアは文化的な伝統を活かしながらEUを代表する国家として成長してきたが，2010年に財政赤字の増加により経済状況が悪化し，イタリア議会は緊急財政法案を可決した。イタリアでは2002年から伝統的なイタリアの通貨リラ(Lira)を廃止し，EUの通貨統合によってエウロ(Euro)を使用している。

イタリアの経済発展の特徴をみると，文化的影響をはっきりと見ることができる。イタリア文化は「もの創り」文化である。ローマ帝国時代の建築，ローマ・カトリック教会の祭壇飾り聖遺物，あるいはルネサンス時代の金細工や絹織物などの工芸品，すべてが人とものとが直接にかかわる素朴な創作技術の試行錯誤のたまものだった。イタリアはアメリカを中心とした西側陣営にいながら，一貫して「もの創り」に関しては大量生産，大量消費に走らない。イタリアを代表する自動車産業のフィアット社の自動車には，イタリア独自の伝統とデザイン性を見ることができる。

イタリアのデザイン性は，イタリア工芸の伝統の中から生み出されてきた。もちろん工芸とデザインは同じものではない。工芸は職人の技術から創りだされるものであり，職人たちの素朴で愚直な日々の作業から生まれる。デザインはデザイナーという設計者が創るものである。しかしどち

らも人々の生活を満足させるための「もの」なのである。大量生産，大量消費はイギリスの産業化によって生まれ，アメリカ合衆国によって世界的に波及した「消費文化」であり，近代の象徴でもある。しかしイタリアは近代化の中で，それまでに築き上げた伝統の工芸，ガラス，陶磁器，金細工，木工，レース，皮革製品などの技術からたくさんの「ブランド」を生みだしていった。それは大量生産ではない，ものづくりの業から生み出された。イタリアでは19世紀以降に服飾産業が発達し，現代イタリアのファッションは，世界に斬新な服飾文化を発信する。ベネトン，グッチ，プラダなど，世界中の人に愛されるファッション，モダン・アートのイタリアデザインの特徴は，その古典性にあり，それは質の高いルネサンス絵画やバロック彫刻の中で培われてきたものである。食へのこだわり，ものづくりへのこだわり，イタリアの「こだわり」は古くて新しいイタリア文化である。

コラム：イタリア人のこだわり――食はファッション？

ローマにアメリカのハンバーガーチェーンの支店ができたとき，イタリア人たちは「食の破壊だ！」「文化の侵略だ！」と大騒動をひきおこしたわけだが，日本ではそのような反応はおこらなかったし，おそらく今でもおこらないだろう。ハンバーガーはアメリカ人の主食だが，今では日本中に出店があって私たち日本人の主食にもなりつつある。手軽で簡単にお腹も膨れる。忙しい日本人にはもってこいの食べ物だ。だいたい日本にはファストフードがたくさんある。牛丼，ラーメン，立ち食いソバなど，腹を空かせて食べればとりあえず満足できるし味もほどほどだ。

しかし，イタリア人は違う。ローマ帝国の成立以来，芸術や文化の最先端を行くイタリアでは，食も文化なのだ。スローフード宣言を書いた詩人ボルナーリは次のように述べる。「スローフード運動は人類の崇高な遊び心に支えられるべきなんだ。遊び心を宗教に代えてはいかん。宗教ならもうある。資本主義とかね，もう2000年も生き延びてきたやつがな」。

食事の時間を節約して，とりあえず腹を満たしてせっせと仕事をこなすことは，イタリア人にとっては文化の喪失になる。彼らにとって文化の喪失は資本の喪失よりも大きな損失だ。彼らはスローフードを楽しむ気持ちのゆとりを持つことこそ，文化の喪失を防ぐことだと考える。スローフード協会の会員で社会学者のマッシモ・モンタナーリはファストフードをこのように定義する。「選ぶことなく，評価もせず，理解しようともしない。食べ物に関して全く注意を払うことなく，それを口に運ぶ」。確かに忙しく時間に追われると，そんな感じもわからないでもない。スローフード運動はたんにファストフード反対運動ではない。ふと振り返って，忙しい生活を見直してみる。もっと言えば，食物に触れて日々の忙しい生活のあり方を見直してみるという側面も持っている。イタリア発祥の21世紀の文化なのかもしれない。(『スローフード宣言』木楽舎)

第６章(補論)
アメリカ合衆国[38](United States of America)

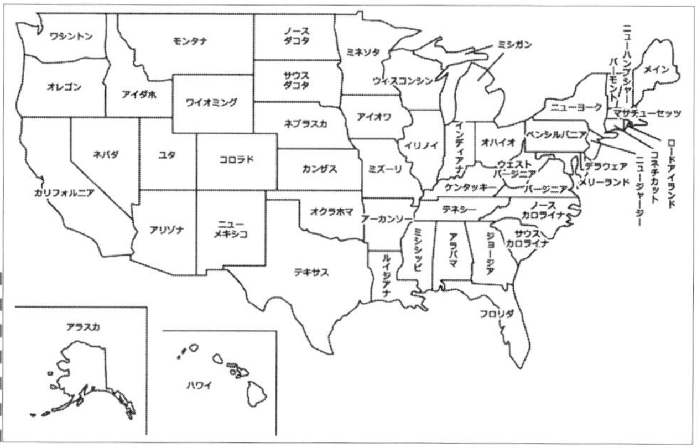

1．自由と責任，そしてピューリタニズム

「天は人の上に人をつくらず，人の下に人をつくらず」

この有名な言葉は，福澤諭吉(1835－1901)が『学問のすすめ』の中で述べたものだが，これはアメリカ「独立宣言」の１節を福澤が訳したものだ。福澤が「天」と訳したのは，「独立宣言」原文では「創造主」，つまりキリスト教の神のことである。この「独立宣言」の１節は，現代では人間が平等なことを表明するものとして受け取られている。この解釈に間違

38　アメリカ合衆国はヨーロッパの国ではないが，英国から移住したピューリタンが建国した国家である。人々はヨーロッパから来た人々であることから補論としている。

いはないのだが，注意して読めば，それがキリスト教の天地創造説を前提にしていることがわかる。信仰上の理由でエリザベス１世統治下のイギリスから船出したピューリタン(ピルグリム・ファーザーズ)が築いた国家観は，キリスト教との連続性を示しており，福澤の「学問のすすめ」とは若干異なっている。自由を求めて移住した人々は，イギリスの商人から奴隷を買い，労働力として使用する。彼らは，母国イギリスの干渉から自由を勝ち取り，国家として独立したが，やがてインディアンと呼ばれた先住民や黒人奴隷として売られてきたアフリカの人々に対する支配者となっていった。

ディズニー映画にもなったホウハタン族の酋長の娘，ポカホンタス(本名マトアカ，英名レベッカ・ロルフ: 1595頃 − 1617)の物語は，アメリカの児童書によく登場する。1607年，彼女たちホウハタン族の領土であるテナコマカにイギリスからの移民者たちは「ヴァージニア植民地」を建設した。彼らとの対立の中でポカホンタスとジョン・ロルフとの恋愛と結婚，渡英，出産，そして帰国直前に病に倒れたポカホンタスの異郷の地での病死というストーリーは当時のイギリスの人々に大きなインパクトを与えた。文字を持たなかったネイティヴ・アメリカンの人々の記録はないので，このストーリーの正確な史実は不明だが，いずれにしても移住者と原住民との共存は移住者の圧力の下で徐々に図られていった。

「学問は世界一の奴隷を台無しにしてしまう」，奴隷だった子供時代のフレデリック・ダグラス(Frederick Douglass: 1818 − 1895)の主人はこういってダグラスに読み書きを教えた夫人を叱った。夫人はダグラスの物覚えの良さに感心して，それを夫に知らせたからだ。ダグラスはその後も独学で勉強し，逃亡する。北部へ逃げて自由を獲得し，1845年に自伝『アメリカの奴隷』を出版した。その後のダグラスは奴隷だった自らの体験を世に知らせると共に，奴隷廃止運動を展開した。この奴隷廃止運動には多数の女性も参加していた。しかし保守的なピューリタンの流れを汲むニュー・イングランドの牧師たちは女性が人前で演説することさえ不謹慎だと考えており，1840年に奴隷制廃止を求めて自由党が結成されたときも女性の参加は認められなかった。そして同じ年にロンドンで開かれた世界奴隷廃止会議でも女性の代表の参加は認められなかった。このように奴隷ばかりでなく，自らの性の差別にも直面した女性たちは，次第に女性の権利に目覚めていった。

1848年，エリザベス・C・スタントン（Elizabeth Cady Stanton: 1815 − 1902）がニューヨークのセネカ・フィールズで女性解放のための大会開催を呼びかけたときには300人あまりが参加した。「すべての男女は平等に創られている」と「独立宣言」を修正する宣言文を採択した。この大会でダグラスは唯一積極的に協力した男性だった。彼は奴隷解放と女性解放の関連性を強く主張した。

1787年　「合衆国憲法」制定
1789年　ジョージ・ワシントン連邦政府の初代大統領となる
1863年　奴隷解放
1865年　南北戦争終了。その５日後，リンカーン暗殺される

フレデリック・ダグラス

エリザベス・C・スタントン

2．「ハルハウス」[39]と社会福祉

19世紀から20世紀にかけてアメリカでは社会の健全さを取り戻すために革新主義運動[40]という改革運動が展開された。セオドア・ローズベルト(Theodoreb Roosevelt: 1858－1919)大統領はアメリカを世界一の工業国にしようとリーダーシップを発揮し，独占禁止法，反トラスト法など，公正な市場競争を阻害する悪い市場の慣習や仕組みを廃止し，企業活動に品位を求めた。しかし政府による革新主義運動は，産業化，都市化が進むアメリカ社会の効率的な運営を目指すものであって，下層民衆の福祉については十分な配慮があるとはいえなかった。

ジェーン・アダムス

ジェーン・アダムス(Jane Addams: 1860－1935)は，シカゴのスラム街に「ハルハウス(Hull House)」と名づけたセツルメント[41]を作り，移民の多い下層民衆と生活をともにしつつ，彼らの生活の改善につとめた。アダムスは旧家の出身だったが，イリノイ州の女子大に在学中に社会思想家の影響を受け，社会改革を志すようになった。さ

39　現在イリノイ大学の敷地内に現存し，博物館となっている。当時アメリカで最大のセツルメントだった。ロンドンのトインビー・ホールを模倣した。当初は病気の子どものためのデイケアセンター，公衆浴場，教育施設など，シカゴの移民を中心とした最貧の人々のケアにあたった。後にアメリカの平和運動，市民運動の拠点となる。

40　革新主義とはProgressivism（進歩主義）と訳されるが，急進主義，改革主義などとも呼ばれる。市場主義の行き過ぎによる格差，モラルの低下，社会不安などを解決するために政府が市場に介入主義をとることで，平等主義的思想を広めることが背景にある。アメリカでは26代大統領のセオドア・ローズベルトの時代に独占禁止法や反トラスト法(1890年のシャーマン法・1914年のクレイトン法)など健全な市場を取り戻すための政策を行った。

41　貧しい人々の生活する場所に定住し，住民と触れ合う社会運動，もしくは施設(授産所，託児所，　宿泊所など)。

らに卒業後訪れたヨーロッパ諸国でスラム街を見聞きし，帰国後ハルハウスの創設を思い立った。下層民衆を立派なアメリカ市民にすることが，アダムスの目的だった。アダムスの活動は，ハルハウスにとどまらず，労働者保護立法，革新党の結成，国際的な平和運動などにまで及んだ。1931年にはこれらの活動の功績が認められてノーベル平和賞を受賞している。

３．激動の1960年代から今日のアメリカまで

今日のアメリカ社会を理解するには，1960年代の歴史を知ることが必要である。1960年，民主党のジョン・F・ケネディ（John Fitzgerald Kennedy: 1917－1963）が43歳の若さで，しかも一般投票わずか0.2％の差で宿敵ニクソンに辛勝して大統領に当選した。彼は1961年１月の大統領就任演説で「国が自分に何をしてくれるかを問うのではなく，自分が国のために何ができるのかを考えてほしい」と述べて，国民に自分自身で問題解決に立ち向かうことを促した。これは「ケネディの時代」と呼ばれる，国民に自立を求める新しい時代のはじまりだった。ケネディは東西冷戦の時代，巨大な軍事力をもって共産圏の拡張を阻止しながらも，一方で国際緊張の緩和を模索した。

1962　キューバ危機
1962　レイチェル・カーソン『沈黙の春』

ジョン・F・ケネディ

1963　ケネディ大統領　農業委員会を設置
1963　ワシントン大行進（キング牧師を中心とした公民権運動）
1963　ケネディ大統領，11月22日　ダラスで暗殺される。
1963　ベティ・フリーダン『女らしさの神話』

第一次世界大戦後，生産技術の向上によって，アメリカでは新しい生活様式が普及した。大量生産に伴う大量消費社会である。豊かになったアメリカ社会では映画やジャズに代表される大衆文化が次々と誕生し，大衆が消費者となることにより，消費者教育や保護の必要性が生じた。ケネディ大統領は1962年に消費者利益の保護に関する特別教書において，「安全である権利」「知らされる権利」「自由選択の権利」「意見が反映される権利」という消費者の四つの権利を提示した。ケネディ大統領は，消費者がこれらの権利を支障なく行使できるようにするのは，政府の責任であると述べ，教書の中に，そのために必要な広範な立法・行政措置を盛り込んだ。この教書はアメリカの消費者政策の展開の出発点となり，大衆化の時代は消費者の時代のはじまりとなった。その中から人々は徐々に食に対する安全や生活の質に対する権利を主張するようになった。

レイチェル・カーソン（Rachel Louise Carson: 1907 − 1964）

彼女はペンシルベニア州スプリングデールの農場主の娘として生まれた。ペンシルベニア女子大学で動物学を専攻後，ウッズホール海洋生物研究所などで研究を続けた。1936年商務省漁業水産局に就職し，政府刊行物の編集に従事する。1940年に内務省魚類・野生生物局に移り，1952年に退職するまで，野生生物とその保護に関する情報収集にあたった。1951年の著書『われらをめぐる海』で，生物ジャーナリストとしての地位を確立する。1962年に発表された『沈黙の春』は，自然破壊に警告を発した先駆的な書物として，全世界に大きな影響を与えた。（新潮文庫・著者紹介参照）

レイチェル・ルイーズ・カーソン

自然は，沈黙した。うす気味悪い。鳥たちは，どこへ行ってしまったのか。春がきたが，沈黙の春だった。白い細かい粒が，雪のように降り注いだ…。

生命と環境が生命の歴史を織りなしてき

た。たいていは環境が作り上げてきたのだが，20世紀に人間が自然を変えた。主に自然の汚染という形で。例えば放射能。核実験で空中に舞い上がったストロンチウム90は，雨に混じって降下し，土壌に入り込み，草や穀物に付着し，人体の骨に入り込み，死ぬまでついてまわる。だが，化学薬品も放射能に劣らぬ禍をもたらす。

化学薬品の大部分は「自然と人間の戦い」で使われる。虫や雑草をやっつけるために，1945年前後から塩基性の化学薬品が作り出され，売り出されている。撒布剤・粉末剤・エアゾールというようにやたらと使われる。しかし2，3の昆虫の為に生命ある全ての環境を破壊する。「殺虫剤」ではなく「殺生剤」と言った方が相応しい。DDTが市販されてから，より毒性の強いものが必要となる。化学製品スプレーの歴史は悪循環の連鎖だ。一度殺虫剤を使うと，昆虫はそれに免疫のある品種を生み出すからだ。そして化学製品によって突然変異等を引き起こすことになる……（抜粋）。

当時のアメリカは東西冷戦の真っ只中であり，太平洋上で核実験を繰り返していた。経済や覇権重視の政策が優先される中，このような彼女の警告にアメリカ社会は初めて深刻な自然破壊に気づかされた。まさに消費者の時代の幕開けだった。カーソンはこの著書で化学物質による汚染の恐ろしさを警告したが，発売されて半年で50万部も売れ，その後社会の注目が環境問題に集まった。

ベティ・フリーダン（Betty Friedan, 1921 － 2006）

彼女の著書『女らしさの神話』(1963)は第二波フェミニズム運動のきっかけをつくった新しい考え方である。彼女は大学を出て，就職し，結婚して家庭に入り，郊外の一戸建てに住むような，成功した専業主婦のかつての同級生たちが人生の目的を失い，精彩さを欠いた生活をしているのはなぜかという問いかけをする。なぜか？ 彼女は人として主婦たちが自立していないためだと考えた。かつて自立し，理想に燃えてキラキラと輝

ベティ・フリーダン

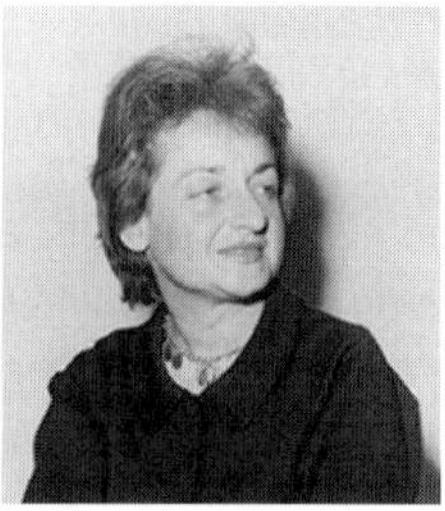

いていた女性たちが結婚すると精彩さを欠き，経済的に，知的に，また感情的にも夫に依存してステレオタイプの女性の生き方しかしなくなる。また，結婚するとそうせざるを得なくなる女性たちの生きにくさをこの著書の中で見事に描き出した。彼女はもっと女性はすべてにおいて自立し，自由に生きるべきだと主張した。彼女は全米女性組織NOWを設立し，政府に対して女性の雇用枠の拡大（アファーマティブ・アクション）や，就職，賃金，昇進における男女差別の解消，妊娠中絶の自由などを訴えた。この考え方はウーマン・リブという社会現象を世界的にもたらし，日本でも10年後の1970年代にその影響が現れた。さらに女性たちの自立を求めたこの現象も女性参政権を獲得した第一波フェミニズム運動と同様にアフリカ系アメリカ人の公民権運動と足並みをそろえた。

マーティン・ルーサー・キング
（キング牧師：Martin Luther King, Jr.： 1929 − 1868）

「I have a dream. One day the sons of former slaves and the sons of former slave-owners will be able to sit down together.」

（私には夢がある。いつか，過去の奴隷達の子孫と奴隷所有者の子孫が，一緒にすわる事ができるだろうという）。

マーティン・ルーサー・キング牧師

アフリカ系アメリカ人の人種差別撤廃運動の指導者，キング牧師はリンカーンが奴隷解放宣言をした100年後の1963年８月ワシントンのリンカーン記念堂前の広場でこのような演説をした。公民権運動は19世紀の奴隷解放運動と女性参政権運動（第一波フェミニズム運動）が手を携えて活動したように，ウーマン・リブとともに高揚した。首都ワシントンにおいて，リンカーンの奴隷解放宣言

100年を記念する大集会を企画して，20万人を超える人々が大行進をした。そしてキング牧師は1964年に非暴力の活動が認められてノーベル平和賞を受賞した。しかし1968年4月4日，テネシー州のメンフィスで集会の準備をしていたバルコニーで撃たれ死亡した。

マーティン・ルーサー・キング・ジュニア牧師はバプテスト派の牧師マイケル・ルーサー・キングの息子として1929年にジョージア州アトランタで生まれた。ボストン大学神学部で博士号を取得，父と同じバプテスト派の牧師となる。マハトマ・ガンジーの思想に深く傾倒し，一切抵抗しない非暴力主義をつらぬいて公民権運動を指導した。

1863年にアブラハム・リンカーン大統領によって奴隷解放宣言が出され，奴隷は解放された。しかしアフリカ系アメリカ人への人種差別は南部の州法に残る「ジム・クロウ法[42]」によって病院，バス，電車やレストランなどいたるところで黒人取締法(Black Code)として当たり前のように適用されつづけた。この撤廃をめざしてキング牧師は公民権運動に取り組むことになった。きっかけはモンゴメリーでローザ・パークスがバス内で席を白人に譲らず逮捕された事件だった。キング牧師は市民にバスに乗らないように訴えて，モンゴメリー・バス・ボイコット事件をおこした。382日間も続く運動の中で，バス会社が財政危機を起こすほどの成果をあげ，1956年には連邦最高裁判所でバス車内人種分離法違憲判決を勝ち取った。

1963年リンカーンの奴隷解放宣言100年を記念する大規模なワシントン大行進を行った際に，リンカーン記念堂の前で前述の「I have a Dream」の演説を行い人種差別撤廃と人種の協和という理想を訴えた。翌1964年，ケネディ大統領暗殺事件(1963)後，副大統領から大統領になったジョンソン大統領(Lyndon Baines Johnson: 1908 − 1973)と協議しながらその理解

42 ジム・クロウとは顔を黒く塗った白人(ブラック・フェイス・パフォーマンス)が黒人に扮して歌ったり踊ったりするコメディー・ショーのことで，わざとみすぼらしい恰好をして田舎の黒人を戯画化したもの。着飾った都会の黒人のキャラクター，Zip Coon（ジップ・クーン)もある。Coonは黒人に対する蔑称。「ジム・クロウ」は後に黒人隔離を示す言葉として一般的に使用される。

を得，公民権法が成立する。同年，キング牧師の非暴力抵抗運動に対してノーベル平和賞が授与されることになった。1986年以来，アメリカではキング牧師の誕生日（1月19日）に近い，1月第3月曜日を「キング牧師記念日」として祝日としている。

キング牧師の死から40年後にアメリカ人の母とケニア人父をもつバラク・オバマ大統領が就任した。公民権法はあっても根強い人種差別が水面下で残っているアメリカで，これまで「アフリカ系アメリカ人の大統領」というのは，映画の中の出来事でしかなかった。しかし，その奇跡に近い出来事が，バラク・オバマの登場でついに現実のものとなった。オバマの妻ミシェル夫人はルーツをたどれば黒人奴隷の子孫である。2009年1月30日，アフリカ系アメリカ人初の大統領とファーストレディが同時に誕生したことで，全米各地から180万人もの人々が集まり，大統領就任式を見るために連邦議事堂前のナショナルモールを埋め尽くした。この中にはキング牧師の子孫のマーティン・ルーサー・キング3世もいた。第44回就任式のテーマは，エイブラハム・リンカーン生誕200年を記念して，「自由の新しい誕生（A New Birth of Freedom）」だった。

バラク・オバマ大統領（Barack Hussein Obama II: 1961－）は，在任中にアメリカの医療制度改革に取り組んだ（アメリカの医療については映画『Sicko（シッコ）』を参照）。アメリカでは景気が悪化すると無保険者が増える。リストラされると企業がまかなっていた分が個人負担となり，高額な医療費が個人負担になるためである。アメリカにはヨーロッパのような手厚い国民皆保険制度はないので，医療保険は自分で賄う必要がある。医療においても自由と自己責任を追及してきたアメリカは，強制的な保険料の支払いなどのシステムを受け入れにくい。医療保険制度改革は過去において実現しようとしてもいつも失敗に終わっていた。

第44代　バラク・オバマ大統領

オバマケアと呼ばれるアメリカの医療保険制度改革はオバマの悲願だった。こ

れはアメリカ社会では困難とされる保険料徴収を強制的に義務付けし，違反者に罰金を課し，医療保険の基金を確保し，低所得者が医療を受けられるような制度づくりを行うというものだ。自由を望むアメリカ国民は,「強制」を嫌悪する。しかしオバマは，強制的な保険料の徴収が国民皆保険制度をゆるぎないものにすると考えた。保険料支払い拒否の罰金制度は一定の成果をあげ，オバマケアは低所得者の保険加入率を高めた。しかし，その後の政権交代によって共和党のトランプ政権では，罰金制度はアメリカの自由にそぐわないと撤廃した。これは強制加入の国民皆保険制度の仕組みを無力化する政策だった。

バラク・オバマは銃規制にも取り組んだ。2006年1月5日に，銃撃被害にあった遺族の前で大統領令による銃規制強化を述べた。アメリカが銃社会であるゆえに，子どもたちが銃乱射事件の被害者になっていると訴え，大統領令を出した。「銃見本市(ガンショー)やネット販売などでの銃購入者の身元確認の徹底を業者に義務付ける」,「違法な銃取引に対する取り締まりの徹底」,「保険適用の拡大など精神疾患に対する治療の充実」を提案した。しかしこれに対して，共和党は憲法違反を掲げて反対した。この3年前，オバマはサンディ・フック小学校の銃撃事件[43]後に議会承認を得る銃規制法案を議会で否決されている。合衆国憲法修正第2条では「市民の武装の権利」が認められており，銃規制をきちんと行うためにはこのような合衆国憲法の改正が必要となる。その改正については，古くさかのぼって，独立戦争に由来する市民の「自衛権・革命権」に触れることになる。これは多くのアメリカ人たちにとって革命のポリシーの問題となり承服することが難しい。利益団体も多く，憲法改正は事実上不可能だとされている。ビル・クリントン(Bill Clinton: 1946－)大統領の時代に一時期「ブレイディ法」という，一定以上の連射能力を持つ「アサルト・ライフル」を国のレベルで規制したことがあった。しかし，憲法改正では

43　2012年12月14日，コネチカット州のサンディ・フック小学校でアダム・ランザ(20歳)が侵入し100発以上の銃を乱射して自殺した。小学生，教師など26人が射殺され，自宅では母親も射殺されていた。

なく，時限立法として制定されており，次のブッシュ政権では，この規制法を更新しなかった。その後，また乱射事件によって多くの人命が失われた。大統領の任期を2017年に終えるにあたりオバマが次のようにインタヴューに答えた。

> 「どの分野がうまくいかずに行き詰っているかと問われれば，それはこのアメリカ合衆国が先進国として地球上で唯一，銃の安全を確保するまともな法律を十分に持っていないという点です。どんなに大量殺人事件が相次いでも，9.11以降テロの犠牲になったアメリカ人は100人未満です。しかし銃の犠牲になった人は何万人にも及ぶ。この国がこの問題を解決できないでいるのは，実に辛く悩ましいものです。」

オバマの銃規制における大統領令は次期トランプ政権では継承されなかった。再びアメリカの銃規制は白紙に戻った。銃規制問題はアメリカ社会の特殊性と複雑さを映し出す。アメリカ合衆国憲法はゆるぎないものだ。そこにはアメリカ合衆国の建国の魂がある。国民の安全は憲法によって保障される。しかしそこに銃規制の問題が深くかかわっているのが今日のアメリカ合衆国である。

コラム：アメリカの医療保険制度

2010年にオバマ大統領が署名して発効した医療保険制度改革法(Patient Protection and Affordable Care Act)，患者保護並びに医療負担適正法，通称「オバマケア」の核となる，「公的保険」ではないがアメリカ独自の国民皆保険制度が，2014年1月1日から始まった。国民はオバマケアの条件を満たす健康保険に，個人で直接保険会社から加入するか，または，住んでいる州の保険取引所経由，あるいは勤務先を通じて加入することができるようになった。それと同時にこの新制度によって保険に加入する側には，次のような義務が課せられた。まず，国民は一部の例外はあるが，保険に加入することが義務となった。これは国民皆保険制度がある日本では当然のことだ。しかし強制を嫌うアメリカではオバマケアは一定の条件を満たす健康保険に加入していない人には，ペナルティー（罰金としての追課税)が科される厳しいものとなっている。2017年のペナルティーは大人一人につき$695，18才未満の子供一人につき$347.5，家族合計で$2,085までとペナルティの上限を定めている。ただし一定の条件を満たす低所得者などは，保険加入義務が免除される。この保険加入義務は，オバマ政権の次のトランプ政権による2017年の税制改革で廃止となり，2019年1月1日からは，保険に加入しなくてもペナルティーはなくなった。オバマケアにおける国民皆保険制度の実施のために最重要だった義務規定が廃止されたことは，国民皆保険制度の維持が困難になることを意味した。

オバマケアの特徴は映画『シッコ(Shicko)』で取り上げられ，社会問題となってきたような保険加入制限が撤廃されたことだ。保険会社は既往症を理由に保険加入を拒否できないし，病気を理由に契約を解除できない。保険の生涯上限の撤廃や保険料の決め方の制限など，企業側に厳しい法律が新たに制定されて保険加入者である国民にとって有利になっているのが大きな特徴である。この改革により，持病がある人や，妊娠している女性も，健康保険に加入できるようになった。今までのように大病をして高額な医療費がかかったことが原因で，保険契約をキャンセルされるという心配もなくなった。ただし，介護保険，生命保険，サプリメンタル保険などは，オバマケアの対象外だ。加入に際しては，病歴や健康状態の審査があり，審査の結果次第では，保険に加入できず，保険料が割り増しとなる場合もある。保険がカバーしなければならない最低基準として，オバマケアでは，保険の補償内容の比較を容易にするために，保険プランが，ブロンズ，シルバー，ゴールド，プラチナの4つのレベルに分けられている。ブロンズは保険料が一番安く，プラチナが一番高いレベルである。ブロンズは医療費の約6割を保険がカバーするプラン，シルバーは7割，ゴールドは8割，プラチナは9割である。この他に，このレベルのプランを選べるのは，30歳未満の若者と，限られた条件を満たす人のみではあるがカタストロフィックという，自己負担が大きい代わりに保険料が安いプランもある。保険会社から直接保険を個人が買う場合は，必ずしも，シルバーとかゴールドという名前が保険プランについていないが，基本的には，このレベル分けに沿って保険プランが作られる。保険料の補助制度（タックスクレジット）は加入者の保険料の負担が，所得に応じて一定の割合以下になるように新たに補助金制度が設けられた。保険料の補助を受けることができる条件は，アメリカで所得税を納税していること，勤務先で団体保険の提供がないことや小規模事業家でメディケアやメディケイドなどに加入する資格がないことなどである。オバマケアでは今までいわゆる低所得者階層の保険だったメディケイドの枠の拡大が行われた。元来，低所得者用の公的医療保険制度であるメディケイドに，より多くの人が加入できるように枠が拡大された。ただし，この枠の拡大を実施するかどうかは州に任されている。そのため，実施していない州もある。2016年３月のデータでは19の州で，メディケイド枠の拡大を実施しておらず，これらの州では，オバマケアの補助金を受けても所得が限度額を超えているためメディケイドに入れず，保険料の自己負担額が多すぎて支払えず無保険のままになっている中所得者階層が大きな問題となった。自由で階層のない平等な移民社会からスタートしたアメリカの選択的自由は，医療保険という弱者救済の制度においては，歴史的に国民皆保険制度が根づきやすいヨーロッパ諸国と異なり，国民皆保険制度が定まりにくいという制度的側面を持っていた。アメリカ社会では強制や義務を社会主義ととらえる人々も多く，民主主義や選択の自由の観点からそれを批判する人も多い。民主党オバマ政権の次の共和党トランプ大統領もそうした観点から保険料支払いの義務規定をはずしたのだが，それによってアメリカの医療保険制度改革が逆行する可能性が生じた。

参考文献

まえがき
泉谷周三郎・舩木惠子『地域文化と人間』[増補版]木鐸社，2014

第1章
松村一男監修『図解ギリシャ神話』西東社，2011
伊東俊太郎『十二世紀ルネサンス』講談社学術文庫，2006
ブレディみかこ『ヨーロッパ・コーリング』岩波書店，2016
Haskins, Charles H, The renaissance of the twelfth century Harvard University Press1927. 訳　別宮貞徳・朝倉文市『十二世紀ルネサンス』みすず書房，1989
小坂井澄『キリスト教2000年の謎』講談社＋α新書，2000
古田光・泉谷周三郎編『ヨーロッパの文化と思想』木鐸社，1989

第2章
堀内真由美『大英帝国の女教師』白澤社，2008
高橋哲雄『イギリス歴史の旅』朝日選書，1996
川本静子『新しい女たちの世紀末』みすず書房，1999
藤本武『イギリス貧困史』新日本新書，2000
武川正吾・塩野谷祐一編『先進諸国の社会保障1　イギリス』東京大学出版会，1999
森嶋通夫『サッチャー時代のイギリス』岩波新書，1988
下楠昌哉　編『イギリス文化入門』三修社，2010
永井義男『ベンサム』イギリス思想叢書7　研究社，2003
田村秀夫『トマス・モア』イギリス思想叢書1 研究者，1996
山下重一『ジェイムズ・ミル』イギリス思想叢書8，1997
浜林正夫『ジョン・ロック』イギリス思想叢書4
河北稔『イギリスの歴史』有斐閣アルマ，2000
コリン・ジョイス『イギリス社会』入門　訳　森田浩之　NHK出版，2011
井野瀬久美恵『子どもたちの大英帝国』中公新書，1992
井野瀬久美恵『女たちの大英帝国』講談社現代新書，1998
石原孝哉『幽霊のいる英国史』集英社新書，2003
林望『イギリスはおいしい』1.2. 文春文庫，1995, 2001
清水敦・櫻井毅編著『ヴィクトリア時代におけるフェミニズムの勃興と経済

学』御茶の水書房，2012
安達智史「ブリティッシュネスの解体と再想像」社会学年報39 (0), 51-62, 東北社会学会，2010.
金澤周作『チャリティとイギリス近代』京都大学学術出版会，2008
浅田實『東インド会社』講談社現代新書，1986
J.S.ミル『アメリカの民主主義』訳：山下重一，未来社，1962
小泉仰『ミルの世界』講談社学術文庫，1988
J.S.ミル『女性の解放』訳：大内兵衛・節子，岩波文庫，1957
長島伸一『世紀末までの大英帝国』法政大学出版局，1987
トクヴィル『アメリカのデモクラシー』1.2巻　訳：松本礼二　岩波文庫，2005
川本静子『ガヴァネス』中公新書，1994
アシュトン『産業革命』訳：中川敬一　岩波文庫，1978
菊川忠夫『J.S.ミル』清水書院，1966
ディケンズ『荒涼館』１～４ 佐々木徹　岩波文庫，2017
スマイルズ『西国立志編』訳：中村正直講談社学術文庫，1981
グリストウッド『ピーターラビットの生みの親 ビアトリクス・ポター物語』スペースシャワーブック，2016
Disraeli, Benjamin *Sybil* oxford world's Classics, 2008
Michell, R.J and Leys, M.D.R. *A History of Lindon Life* 1958. 訳松村 赳『ロンドン庶民生活史』みすず書房，1971
Altick, Richard.D *Victorian People and Ideas; A Companion for the Modern Reader of Victorian Literature* W.W.Norton Company, Inc.1973 訳『ヴィクトリア朝の人と思想』．要田圭治・田中孝信　音羽書房鶴見書店，1998
Virginia Woolf *Professions for Women and other essays* 監訳出淵敬子・川本静子『女性にとっての職業』みすず書房，1994
Ed.Lacy, A.C *Barbara Leigh Smith Bodichon and the Langham Place Group* Routledg, 1987
Emily Davies *The Higher Education of women* (*1866*) The Hambledon Press 1988
Richardson, John *The Chelsea Book past and present* HistricalPablications, 2003
Martineau, Harriet *Guide to Windermere* John Garnett, 1995
Pottr, Beatrix *Beatrix Potter's little books Beatrix Potter Studies V* The Beatrice Potter Societies Conference

第３章
中野光・志村鏡一郎『教育思想史』有斐閣新書，1984
菊池良生『戦うハプスブルク家―近代の序章としての三十年戦争』講談社現代新書，1995
佐藤賢一『英仏百年戦争』集英社新書，2003
喜安朗『近代フランス民衆の<個と共同性>』平凡社，1994
倉田保雄『なぜフランス人は自信満々なのか』海竜社，1998
宇田川悟『フランス料理は進化する』文春新書，2002
東京都立大学フランス文学研究室編『フランスを知る』法政大学出版局，2003
小林善彦『フランス学入門』白水社，1991
藤井良治・塩野谷祐一編『先進諸国の社会保障６　フランス』東京大学出版会，1999
渡辺信夫『カルヴァン』清水書院，1988
高山一彦『ジャンヌ・ダルク』岩波新書，2005
ルソー『世界の名著』第30　平岡昇編著　中央公論社，1966
石井美樹子『マリー・アントワネットの宮廷画家―ルイーズ・ヴィジェ・ルブランの生涯』河出書房新社，2011
木崎喜代治『信仰の運命－フランスプロテスタントの歴史』岩波書店，1997
デュルケム『自殺論』訳：宮島喬　中公文庫，2018
棚沢直子『フランスにはなぜ恋愛スキャンダルがないのか』角川ソフィア文庫，1999
Stenthal *De L'amour,* 1822. 訳　前川堅一『恋愛論上・下』岩波文庫，1931（初版），1994
Brailsford, H.N *Shelly, Godwin, and Their Circle* Williams AndNorgate, London, 1913.　訳『フランス革命と英国の思想・文学』岡地嶺　中央大学出版部，1982
Bacquart, Jean-Vincent *Marie-Antoinette* Artlys LTD. 2013

４章
川口マローン恵美『ドイツ料理万歳！』平凡社，2009
古瀬徹・塩野谷祐一編『先進諸国の社会保障４　ドイツ』東京大学出版会，1999
川口マローン恵美『ベルリン物語』平凡社新書，2010
ヘーゲル『歴史哲学講義』上・下　訳：長谷川宏　岩波文庫，1994

Haffner, Sebastian, *Anmerkungen zu Hitler,* Kinder verlag VmbH, Muchen, 訳 赤羽龍夫『ヒトラーとは何か』草思社，1979

5章

内田洋子『破産しない国イタリア』平凡社新書，1999
島村菜津『スローフードな人生』新潮社，2000
ニッポン東京スローフード協会編『スローフード宣言！』木楽舎，2001
島村菜津『スローな未来へ』小学館，2009
島村菜津『そろそろスローフード』大月書店，2008
島村菜津『バール、コーヒー、イタリア人』光文社新書，2007
池上俊一『世界の食文化15 イタリア』農文協，2003
ブルクハルト『イタリア・ルネサンスの文化』上・下　訳：柴田治三郎 中公文庫，1974
内田洋子・シルヴィオ・ピエールサンティ『三面記事で読むイタリア』光文社新書

補論

猿谷要『この一冊でアメリカの歴史がわかる！』三笠書房，1998
藤田伍一・塩野谷祐一編『先進諸国の社会保障7 アメリカ』東京大学出版会，2000
パトリック・ハーラン『大統領の演説』角川新書，2016
レイチェル・カースン『沈黙の春』訳：青樹 簗一 新潮文庫，1974
ベティ・フリーダン『新しい女性の創造』訳：三浦富美子　大和書房，2004
天野拓『オバマの医療改革：国民皆保険制度への苦闘』勁草書房．2013

あとがき

ヘーゲル『歴史哲学講義』上・下　訳：長谷川宏 岩波文庫，1994
J. S. ミル『論理学体系』第6巻　訳：大関将一　春秋社，1959

あとがき

21世紀，ヨーロッパは激動のなかにある。シリア，アフガニスタン，ソマリアなどから100万人を超える難民がヨーロッパのEU先進国を目指して移動する。彼らは紛争や迫害を受け，祖国を離れ陸路で，そして地中海を命がけで渡ってはるばるヨーロッパを目指す。難民に加え，貧困や失業から逃れるために祖国を捨てる経済難民と呼ばれる移民もいる。彼らは安全で自分たちの国よりも豊かなヨーロッパ諸国に移住するために自分の意志でやってくる。その数は年々増加し，受入諸国は財政や治安，雇用の問題など，複合的な問題に直面し困惑している。

ヨーロッパ諸国はキリスト教的な「寛容」の精神と資本主義的労働需要の考え方を難民の受け入れにも反映させてきた。しかし急激な人口の移動でヨーロッパ諸国は戸惑い，徐々に疲弊し，今，その「寛容」を失いつつある。国連高等弁務官事務所によればヨーロッパへの難民申請者数は2014年までに，ドイツを筆頭に，スウェーデン，イタリア，フランス，ハンガリー，イギリスの順に申請されている(EU統計局データ)。本書で扱ったイギリス，フランス，ドイツ，イタリアはこのような危機に直面する諸国であり，苦慮しながらも知恵を絞り巨大な人口移動と戦っている。しかしヨーロッパの長い歴史に目を移せばヨーロッパは何度も人口移動や変動による危機を乗り越えてきた。私たちは今，ヨーロッパ諸国がどのように現代の難問に対処するのか注目している。

このようなヨーロッパの時事問題はヨーロッパ諸国の歴史や文化，国民性や思想などを学ぶ多くの機会を私たちに与えてくれる。ドイツのアンゲラ・メルケル首相は「ドイツはすべての庇護申請者を受け入れなければならない」と難民の保護を強く主張した。そして多くのドイツ人はかつてヒトラーがもたらした悲惨な歴史の記憶と人権を重んじる国民性からそれに賛同した。ヨーロッパでは常に人の移動は大きな社会の変化をもたらす。古くはゲルマン民族の大移動，そして1620年にメイフラワー号でイングランドを出発したピューリタンのピルグリム・ファーザーズ(pilgrim fathers: 巡礼始祖）の102名も，続くアメリカ移民の先駆けとなった。メイフラワー誓約をした彼らはイギリス国教会の弾圧を受け，ピューリタンの信仰を貫くために国を逃れ，新大陸を目指した難民だった。後に数を増した彼らの子孫は，すでに原住民が居住する土地にアメリカ合衆国を建国した。人の流れは大西洋を越えてアメリカ大陸に移動し，ヨーロッパとキリスト教文化は拡大していった。

本書ははじめてヨーロッパ文化を学ぶ人のための入門書である。経済学史を専門とする私がヨーロッパの食文化や芸術，歴史について述べることにためらいがなかったわけではない。しかし経済学も文化論も対象は，やはり人々の暮らしにある。経済学と生活科学（家政学）は市場を得ることで共通の領域をもち，そうした変化が文化的相違を形成してきたからである。ヘーゲルは『歴史哲学講義』のなかで1.事実そのままの歴史，2.反省を加えた歴史，3.哲学的な歴史というとらえ方の３つの方法を示し，歴史分析の相違による様々な事例とその目的性を説明している。またJ. S.ミルも『論理学体系』のなかで社会科学における歴史的方法の重要性を述べている。今日の私たちはヨーロッパの文化がその地域の歴史の中で形成されたことを学び，今ある文化に目を向ける必要があるだろう。

本書は私が大妻女子大学で『地域と文化』という講義を担当し，その中で述べてきた内容をまとめたものである。これから社会に出る若い女性たちに女性が働く意義を考えてもらいたいと，少しフェミニズムにこだわった思いもある。

最後に出版に協力してくれたわが家族と出版事情が厳しい中，本書の出版を了承してくださった木鐸社の坂口節子氏に厚くお礼を申し上げたい。

2019年１月15日

著者

索引

あ

い

う

え

お

か

き

く

け

こ

さ

し

す

ひ

ふ

へ

ほ

ま

み

著者略歴

船木恵子（ふなき　けいこ）

1980年　武蔵大学経済学部卒業

2002年　東北大学大学院経済学研究科博士後期課程修了（博士・経済学）

現　在　武蔵大学総合研究所研究員，武蔵大学非常勤講師，
大妻女子大学非常勤講師，埼玉大学非常勤講師，埼玉学園大学非常勤講師

論　文　「ハリエット・マーティノゥの経済思想―労働者の自立と社会のモラル」
（『武蔵大学論集』第66巻第1号2018）
「イングリッシュ・ユニテリアニズムとヴィクトリア時代思想」
（『ヴィクトリア時代の思潮とJ. S. ミル』3章，三和書籍2013）
「ヴィクトリア時代のフェミニズムにおける経済学の役割」
（『ヴィクトリア時代におけるフェミニズムの勃興と経済学』3章，御茶の水書房2012）

翻　訳　『女性経済学者群像』（B. ポーキングホーン・D. L. トムソン著）
3章「ミリセント・フォーセット」，櫻井毅監訳，御茶の水書房2008

はじめて学ぶヨーロッパ

2019年4月1日第1版第1刷　印刷発行 ©

著者との
了解により
検印省略

著　者　船　木　恵　子

発行者　坂　口　節　子

発行所　㈲　木《ぼく》　鐸《たく》　社《しゃ》

〒112-0002　東京都文京区小石川 5-11-15-302

電話 (03) 3814-4195番　FAX (03) 3814-4196番

振替 00100-5-126746　http://www.bokutakusha.com

印刷 フォーネット+TOP印刷　製本 吉澤製本

ISBN978-4-8332-2530-4　C1022